观品教育

陈希良 著

北京理工大学出版社
BEIJING INSTITUTE OF TECHNOLOGY PRESS

版权专有　侵权必究

图书在版编目(CIP)数据

观品教育 / 陈希良著.—北京：北京理工大学出版社，2022.12
ISBN 978-7-5763-1814-2

Ⅰ.①观… Ⅱ.①陈… Ⅲ.①教育-研究 Ⅳ.①G4

中国版本图书馆 CIP 数据核字(2022)第 206423 号

出版发行 / 北京理工大学出版社有限责任公司	
社　　址 / 北京市海淀区中关村南大街 5 号	
邮　　编 / 100081	
电　　话 / (010)68914775(总编室)	
(010)82562903(教材售后服务热线)	
(010)68944723(其他图书服务热线)	
网　　址 / http://www.bitpress.com.cn	
经　　销 / 全国各地新华书店	
印　　刷 / 三河市华骏印务包装有限公司	
开　　本 / 787 毫米×1092 毫米　1/16	
印　　张 / 12.25	责任编辑 / 张荣君
字　　数 / 210 千字	文案编辑 / 张荣君
版　　次 / 2022 年 12 月第 1 版　2022 年 12 月第 1 次印刷	责任校对 / 周瑞红
定　　价 / 48.00 元	责任印制 / 边心超

图书出现印装质量问题，请拨打售后服务热线，本社负责调换

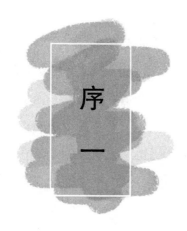

序一

初识陈希良校长，是在西安一个基础教育的课堂教学研讨会上。会议的主办人之一，一位陕西师范大学的教授，教学改革方面的大咖，给我隆重介绍了陈校长，说他扎根西北，深耕教育，是甘肃教育界的名人，在全国有广泛的影响力。刚刚认识，我就感受到了陈校长身上浓浓的学者之风和教育情怀。我送了陈校长我的一本书，也表达了我期望向他更多请教学习的愿望。

后来，我到兰州的高校和中小学去推广对分课堂，陈校长每次都热情招待我，给我介绍他的学生、朋友，都是当地的优秀校长、教育领域的领导和精英人士。大家一起谈天说地，文雅而精致，高远而飘逸，觉得非常开心。谈话中，我看到几乎每个人都对陈校长充满了感激之情，称颂他是自己一生中难得一见的好老师、好校长。很多人提到陈校长的朋友圈，说他笔耕不辍，推文不断。我后来也常去浏览，果然看到了很多精彩的内容，看到了陈校长的多才多艺，包括对中医的爱好、在书法上的建树。普通人心目中理想教师的形象，在陈校长的身上成为活生生的现实。

西北教育何其有幸，中国教育何其有幸，有陈校长这样的教育人！我个人也何其有幸，能结识这样一位文化素养和文艺素养极其深厚的长者，受到他多年宝贵的教育智慧的滋养！

从资历、贡献而言，陈校长是当之无愧的教育家。但在这个彰显个人的新时代，从个人生活的角度去看，我特别欣赏的一点是，陈校长首先是一个快乐的人，而且快乐很多年。

人类社会高速发展，物质文明高度发达，人从物质匮乏走向富裕，生计问题不大了，人的自由特别是可自由支配的时间更多了。时间是生命最宝贵的资源，当我们有大把的时间，如何利用它成了一个不容易回答的问题。很多人东一榔头西一杠子，最后碌碌无为。

如果能聚焦一件事，天长地久，乐此不疲，由此获得一种意义和价值，那真是令人羡慕。每次看到陈校长，他爽朗的笑声、明亮的眼神、健旺的精神，都真切地显示了这样一种圆满的境界。

人的一生，能有一件事，让自己长久地、深深地热爱，是幸福的。更幸福的是，这件事需要"观品"，仔细体察和用心品味，能引发无尽的意蕴。陈校长"观品"的这件事，就是教育。

很多人都觉得自己懂教育，但教育看似寻常事，距离我们普通人不远，其实是一件极其复杂的事情。教育是有关精神的生活，而精神是极其幽微和细腻的。以小见大，一片树叶里看到森林，一滴水珠中观察世界，需要的是高超的思想和深刻的洞察，需要的是哲学家的才能。

从这个角度，我在《观品教育》一书里看到了很多哲学的思辨。陈校长信手拈来，又贴切无比，恰如其分。人的行走是多么司空见惯的事情，可以说对很多人毫不起眼，不值一提。但在"行走的意义"一节中，陈校长从亚里士多德、尼采、塞涅卡、商羯罗、克尔凯郭尔到孔子，集合十几位哲人的思想，论述行走于思考、于文化、于人文的重要性，点出行走对于人返璞归真的意义，让我们看到了行走中蕴含的学习方式、生活艺术和自主教育。在这奇特而优美的视角之外，单单看看这些人名，就能明白陈校长学问的渊博和素养的深厚。

教育学有两个基础性的渊源学科，一个是哲学。教育者的深刻反映了其哲学思维的深刻。正因为陈校长哲学思维的深刻，他才能从一个个看似简单的生活事例，几句话就提升到极高的思想境界，令人得到极大的启迪。

教育学的另一个渊源学科是心理学。陈校长是高中语文老师，有过多年的一线教学经历，因此他对心理学的关注和理解是非常深切和透彻的。在马斯洛、贝斯特、索耶、帕特森之外，他甚至读到了著名心理学家达马西奥的《感受发生的一切：意识产生中的身体和情绪》这样极其前沿和深奥的专业著作。他能够探寻到这样的地步，我觉得是因为他理解情绪对教育教学的极端重要性，在有意识地通过理解最新的脑科学研究和学习科学的发展，从科学的角度来获得对情绪的深刻解读。

有哲学逻辑思维的犀利，有心理学人文情怀的充沛，陈校长的短文像珍珠，形态美好又温润柔和，每一颗都倾注他对教育的真爱，映照出他对学生的关怀。

一篇篇短文让我看到，陈校长不是一位空谈家，他厌恶形式、追求实效，数十年来用行动去改变现实，无论有时候现实与理想多么遥远，他始终不放弃对理想的追求，用忍耐和坚持，让我们的教育变得更加美好。

他是一个有古仁者风范的君子，一个充满慈悲关爱的教育家。他的作为，是教育非功利初心的回归。他的观察，值得我们观摩，他的品味，值得我们回味。

人如其文，中国教育有这样的行动者和守望者，何其幸哉！

张学新
心理学教授、脑科学专家
2021 年 6 月 16 日于复旦大学

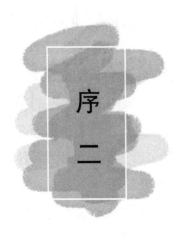

序二

现代教育强调以人为本,把重视人、理解人、尊重人、发展人作为核心,把尊重人性和发展人性的美好作为教育的根本任务。陈希良校长在长期的教育教学实践中,始终坚持以人为本的理念,热衷于对教育生活的探究、质疑、创造、发现。他把平日里教育工作生活的片段感受汇集起来,从中提取出有教育价值的教育问题,从隔代教育、危机教育、成功教育、衔接教育等门类侃侃而谈,梳理出教育过程中存在的显性与隐性的问题,追索教育价值,谈策略,讲方法。他极力提倡教育即是唤醒,充分尊重每一位受教育者的主体性,最大限度地让学生内在世界处于打开的状态,高度关注学生内在潜力与学习动力的开发、激发,使学生由被动的接受性客体变成积极的、主动的、自我构建的主体,使教育过程真正成为学生自主自觉的活动和自我建构并自洽的过程,从而提升教育品质。古罗马教育家普鲁塔克说:"人类的灵魂不需要像瓶子一样被填满,相反地,它就像木料,需要迸发独立思考和追求真理的火花点燃。"德国教育学家第斯多惠也曾说:"教育的艺术不在传授,而在鼓舞和唤醒。"

陈希良校长从校园、课堂、图书馆、家庭、厕所、地铁等不同的教育场域寻找教育之道,主张从传统的以教师为中心、以教材为中心、以课堂为中心转变为以学生为中心、以活动为中心、以学习为中心，倡导自主教育、快乐教育、成功教育和探究教育等新颖活泼的主体性教育模式，以点燃学生的学习热情，培养学生的学习兴趣和习惯，提高学生的学习能力，使学生积极主动地、生动活泼地学习和发展。他强调尊重个性，鼓励个性发展，主张针对不同的个性特点采用不同的教育方法和评估标准为每一个学生的个性充分发展创造条件。时时是教育之时，处处是教育之地，人人是受教育之人，在重要的教育场所拆除有形无形的墙，搭建思维的桥，通过教学机智和教育机智，以为孩子们点赞的欣赏的态度，树立榜样、唤醒孩子，学会用科学方法点燃孩子的内驱力，让学生爱上学习、多问问题，产生研究意识和学习的兴趣、动机，从而使一切场域均变成孩子成长的乐园、花园、学园。其教育智慧可见一斑。

陈希良校长从体育、音乐、礼仪教育、家庭食育、行走的意义、学习目标的制定和使用、合作学习、社团课、怎么看待教案、学生的"官威"、家长焦虑等一个个教育热点和难点问题着手，以全面发展的理念和主体性理念理性思考教育内容，以学生为中心、以活动为中心、以实践为中心，倡导自主教育、快乐教育、培养学生的学习兴趣和习惯，使学生积极主动地学习和发展。研究实践过程中存在的问题，探索期待与结果间的因果关系，在得失之间阐明了其间蕴含的教育原则，从而把最好的激励、学习方式呈现出来，以促进每一个学生在德、智、体、美、劳等方面的全面发展与完善，造就全面发展的人才。这种独特的"激活"姿态永远要让人的光明面光彩夺目，让阴暗面在历史的长河中悄然逝去。

近代教育家黄炎培说过："今一切事业，须从科学上解决；而一切学问，须从事实上研究。"教育的实践反思性特点决定了教育必须要有研究的、开放的态度和方法。促进学校转型发展、我看绩效评估、校长要善于营建学校变革文化、参观小学有感、家校合作的十条建议、仪式及学校仪式感教育浅谈、家校共读共育等节以开放性理念，建构了一种全方位开放式的新型教育模式，将学校教育与家庭教育联结，系统思考，促进每一个学生在德、智、体、美、劳的全面发展。

未来已来，未来可期，期待有更多好的教育成果不断涌现，立德树人，启智润心，服务老百姓。

是以为序。

解慧明

西安市教科院院长、理学博士、正高级教师、教育部基础教育专指委委员

二〇二一年六月十九日于西安

目 录

1	**一、家庭教育篇**
2	1. 隔代教育的隐忧
5	2. 地铁里的两幕
7	3. 厌学孩子的家庭
9	4. 家长焦虑什么——一位中学老师的观察视角
12	5. 家校合作的十条建议
16	6. 命令式教育的危害
18	7. 家庭教育要从宴飨会饮开始
21	8. 家庭食育谈
24	9. 家校共读共育
28	10. 戏剧表演的教育意味
33	**二、教育感悟篇**
34	1. 教育的显与隐
36	2. 大师的课堂
38	3. 教学机智
40	4. 教育机智
51	5. 教育即是唤醒
54	6. 谈"教训"
57	7. 特殊的场所教育
60	8. 厕所是重要的教育场域
63	9. 由国际厕所日想到的

66	10. 激励
68	11. 永远要让人光彩夺目
70	12. 危机教育
72	13. 成功教育的前提
74	14. 期待决定结果
76	15. 由"传，不习乎"说开去
79	16. 影响策略

81	**三、学习感悟篇**
82	1. 课外生活记录
85	2. 榜样的召唤
88	3. 为孩子们点一个大赞
90	4. 学会科学方法
92	5. 让学生爱上学习
94	6. 多问问题才是智慧的学习
96	7. 学生的研究意识
99	8. 最好的学习方式
101	9. 不善学与善学者
103	10. 合作学习缺不得
109	11. 开设机器人社团课
112	12. 学生的"官威"

115	**四、教学感悟篇**
116	1. 学习目标的制定和使用
120	2. 不研究学习的教学
122	3. 怎么看待教案
125	4. 声音的意味
128	5. 音乐是独特的"激活"姿态
131	6. 我眼中的体育

133	**五、学校环境篇**
134	1. 参观小学所感

136	2. 美丽图书馆
138	3. 美好际遇
142	4. 学校学习空间谈
148	5. 学习的环境疗法
151	6. 行走的意义

155	**六、学校文化篇**
156	1. 我眼中的衔接教育
164	2. 校长要善于营建学校变革文化
169	3. 仪式及学校仪式感教育浅谈
174	4. 我给初级教师的几句话
176	5. 校长领导力的核心话题
179	6. 我看绩效评估
182	7. 拆除有形无形的墙，促进学校转型发展

一、家庭教育篇

隔代教育的隐忧

十二月二十四日早晨,天阴沉沉的,飘散着零星的雨滴,人们浑身上下被湿冷的空气包裹着,有凝滞、灰暗的感觉。街道上,人们仍然在流动、喧哗、演出,人声嘈杂。

有浓厚教育情结的发明小弟和我去吃早餐,食店在一个只有三张就餐桌的褊狭地方,据说是北方人料理的北方水饺店。前台有一个年轻的女人忙着弄饺皮、包饺子,嘴里鼓捣着什么。我们各自点了一份,一边闲聊,一边等待热腾腾的饺子上桌。胃里泛起阵阵清香,开始将过去、未来与现在连接,试图找出一个自适的关系。

突然,那个年轻的女人拉着脸,瞪大眼睛,高声斥责:"你再不吃,就罚你,别去上学。"我循声望去,才发现台前坐着一位老人,老人的怀抱着一个十岁左右的男孩。男孩摇晃着身子,老人左手揽着孩子的腰,右手拿着半个类似红薯一样的食物往孩子嘴里喂。男孩摇晃着头、脸色紧绷,一脸的不开心。无论老人如何言说,小孩子就是不想吃。年轻的女人可能是孩子的母亲,怒视着孩子,又高声说:"不吃就别吃,饿死你。"恐吓、威胁、怒火……

类似的场景在相同的时间、不同的场合以惊人的相似在发生着。孩子的天性就是"懒散""执拗""依偎""撒娇"并在大人的互动给予中权衡自己。有研究表明，孩子三岁时就能建立与环境、信息和他人的联系。当然，有些东西是任性的、需要改善的，德国教育家赫尔巴特称之为"不驯服的烈性"。赫尔巴特认为不正确的的教育会"把儿童未来的人格置于种种危险之中"，还会造成"反社会的倾向"，所以，必须管理先于教育。

我们到底如何看待儿童，决定着我们对待儿童的哲学观念、期待态度、教育方式和教育策略的采用。儿童是待成长的、不断与环境信息交换和社会性构建的并与成人平等的小大人，他们的头脑从来都不像洛克所说的是一张白纸。儿童是顽劣的、需要大人管教的，还是与大人人格平等需要公平对待的"伙伴"呢？若认为是前者，大人会以"权威"甚至以全知全能的"上帝"的身份"肆意"挥动着"鞭子"，以命令或胁迫的方式对待"儿童"；若认为是后者，大人会以"伙伴""陪伴者""爱护者"的身份养习、引导孩子。一个是暴凌的，一个是智慧的。家庭教育首先给孩子爱，让孩子感到安全、舒适、心灵舒展，顺着人性的美好和善良去引导，才能真正让孩子的生命健康快乐成长。斯坦福研究机构经研究证明，高安全性才能取得更好的学习表现。

家庭教育中最为常见的是命令式的粗暴教育，面对孩子的行为，这也不准，那也不行，就是不让孩子感知事物的"特征""特质"，与世界建立"联系"。有人经过研究中产阶级的家庭教育认为，让孩子感知自己的力量，广泛地与他人、事物进行"联结"，重点在培养各种习惯。美国学者拉鲁在《不平等的童年》这本书中写道："美国不同社会阶层的家庭有着截然不同的育儿方式：中产阶级采取的是协作教育，工人阶级采取的是自然放养。"协作教育是联动，有计划、有目的地培养孩子的独立思考、合作分享，不断"发现"孩子"进步和变化"来激发孩子；自然放养是平时不管不问，其极端表现是紧急时恶言以待、棍棒相加的"征服与胁迫"。美国斯坦福大学的一项研究显示：一个常年经受暴力的孩子，或者生活在暴力中的孩子，会把暴力合理化，并认为暴力是与世界打交道的主要方式之一。

拉鲁的研究发现，这两种不同的方式，养育出的孩子会有很大的差别。"协作教育"的孩子表现出强烈的权利意识，而"自然放养"的孩子表现出明显的服从意识。"协作教育"的孩子在学校中感到舒适自如，积极主动地互动，喜欢分享想法和感受，知道如何获取别人的注意力，并且会主动地寻找并且充分利用学校提供的资源。相反，"自然放养"的孩子常常感到的是距离感，缺乏信任、被动、没有安全感。

目前，在家庭教育中普遍存在一种特别的角力，孩子被两种力量"拉锯"，一头是父母，另一头是爷爷奶奶。父母严苛要求，爷爷奶奶却百依百顺地溺爱。父母越是"暴跳如雷"，爷爷奶奶越是跟孩子"挤眉弄眼"，于是就有了文章开头的那一幕。孩子怎么办？当然要"选边站"，结果是孩子依赖性、固执性大大被"强化"了，从中获取的意义是扭曲的、过度的"爱"。这样的孩子很难有良好的习惯，从而影响终生。

由此可见，家庭教育必须是基于原则的由真爱孵化的生命成长，而爱与被爱是永恒的人性光辉！让孩子心灵丰盈和舒展，让孩子发现自己，在成人的智慧帮助之下更好地完善自己吧。

一 家庭教育篇

地铁里的两幕

　　凡事都保持鲜活的"敏感"似乎成了"职业个性",孔子所说的"敏于行而慎于言"是儒家知识分子的"特质"之一。教育人总是在一定的场景中,被现象激活,用教育的态度和眼光"审视"人们的言论举止,这或许就是职业习惯和思维,或称为教育问题意识。正是有了这样的一颗"敏感"的心,我们才会去"追问"教育的当下的情景意义和应然价值,才会去过有价值的思考的生活。

　　昨天下午在地铁里,发生了看似很普通却不简单的两幕,让人心情复杂,认知失衡。

　　其一,一位爷爷领着一个约四五岁模样的男孩,坐在我的左边。小孩个头不高,脸型瘦小,稚嫩可人。他一边"摆弄"着一个红色的塑料机器人模型,一边自言自语。一位年轻的妈妈,带着一个也约四五岁的小男孩,个头不高,胖墩墩的,嘴唇宽厚,眼神炯明,一副质朴木讷的样子,一手抓着车厢中的立柱站立,注视着坐在我旁边的男孩。孩子们的心灵世界或许是相通的,孩子见了孩子似乎都是似曾相识的,眼光是表达的、探索的、证明的,也是温暖的、有磁性的。突然,坐在我旁边的小男孩对站立的小男孩说:"我比你聪明!我会画海底,海底有鱼、虾,还有螃蟹。"站立的小男孩目不转睛地盯着他,慢腾腾地说:"我也会画。"他语言中透露着自信,但缺乏"聪明"的自我定位和角色认知。坐在我旁边的男孩说："你画呀。"站立的小男孩盯着他，嘴角动了动，不知道说什么了，显然孩子无法证明自己了。这时是教育时机，孩子需要成年人的"脚手架"，可是，他的妈妈却没有在意自己孩子的"表现"，而是对着那个瘦小的孩子在微笑。我吃惊不小，年轻的妈妈显然缺乏对孩子的关注和敏锐的教育意识。更为令人惊异的是此时到站门开了，站立的小男孩走出了门，还在回头望着，不知道要表达什么。人最为深刻的需要之一就是获得别人的认可、肯定和赞赏。著名教育家陈鹤琴说过："小孩子是喜欢称赞的，这种赞许心，我们做父母的教育小孩子时应当利用。"年轻的妈妈不能只管"欣赏"别的孩子，更应该关注孩子们的"关系互动"，关注和支撑自己孩子的言行举止，及时给予帮助和恰当的赞许，鼓励孩子去"连接"。由此可见，鼓励和表扬孩子是艺术：一要表扬孩子的"努力"，而非"天生聪明"；二要及时、恰好到好处地鼓励和表扬；三要经常保持着"敏感""敏锐"。

其二，换乘车站，人群熙熙攘攘，摩肩接踵。我刚刚上车坐定，此时上来一位年轻的妈妈抱着一个小男孩，带着一个小女孩，坐在了我的旁边。小男孩五岁左右，小女孩正在换门牙，估计七八岁。小女孩先是站着，后来坐在了我的对面，显得很活泼开朗，一直微笑着，不时地给小弟弟做一些鬼脸来吸引眼球。妈妈先是紧抱着小男孩，小男孩似乎疲倦，把头贴在妈妈的大腿上，侧视姐姐。年轻的妈妈一会儿说小女孩这也不听话那也不中用，小女孩不知所措地低头看看车底，两只小脚在地上划八字。这可能是她的经常性的遭遇吧。小女孩再也没有笑，一声不吭。

在家庭教育中有时是缺少公平的，甚至在重男轻女的文化中强化了性别角色，使男性强壮、女性柔弱。这会造成不公平的伤害，使人产生不恰当的社会角色定位，影响人的一生。希望自己成为什么就是强大的内心的力量，它不断地推动着人的发展。孔子说："我欲仁，斯仁至矣。"老子说："以其不自生，故能长生。是以圣人后其身而身先，外其身而身存。""后其身"表明经过自觉地努力才能养成习惯。王阳明从小立志成为"圣贤"，最终成了"圣贤"，积极心理学证明了人的心理力量对人发展的巨大作用。

在家庭教育中要开掘和培育积极的平等的心理力量，促成孩子的自我发现，使其养成良好的习惯、提升自信力，诱导孩子内心的种子萌发，激励其健康快乐成长，使其获得幸福感和价值感。

一　家庭教育篇

厌学孩子的家庭

三月十二日下午，我刚刚坐上出租车，一位二十世纪八十年代毕业的学生给我打电话，说他的同学的孩子从山东某高校毕业后考兰州大学统计学院的研究生，分数超出了三分，学院通知让其参加复试。我说按规定参加复试即可。

我的话音刚落，出租车司机就长叹一声，脱口而出："我的儿子考上大学不上了。"我问："为什么？"司机说："不知道啊，上了一年就回家闲待着，玩手机、上网，别的什么事也不干。现在的学生动不动就跳楼。"略顿片刻，司机又说："或许是由于三个姑娘太优秀了，大女儿在北京邮电大学读研究生，二女儿在南开大学读研究生，三女儿在大连理工大学读书，儿子考上湖南科技大学读计算机专业，整天不上课、不考试，不知道怎么了，就是什么事也不干。"话中的褒贬立场鲜明，但又显得无可奈何。我问："他想继承你的事业了？"司机一脸无奈地说："继承我就是耕地，我们家在会宁。全是旱地，地里收入少，我出来开出租养活孩子们。我让儿子学个开车的或下海经商，他都不干，实在是没有办法。"我还想询问原因，可是我到了目的地，心情沉重地下了车。

孩子厌学可能原因很多：选择的专业不是其所感兴趣的；学历化社会竞争残酷，教育导致明显的社会分层，就业压力转换为教育压力，家长的高期望和焦虑无形中变成了学生的学业压力；初始学习失败导致孤独无助，自我概念认知偏差，要么高估自己，要么贬低自己；接受某种思想，企图重新选择或抛弃学业；思想认识走偏，个性怪异，反社会倾向明显，等等。其中，家庭教育的好坏、成败是最重要的变量因素之一。

　　家庭教育对其子女的影响之深是不言而喻的。在一个多子女家庭中，最要命的教育就是父母把一个孩子与其他的孩子作比较以凸显其不足、落后甚至无能，目的似乎是激其奋发，但往往让孩子觉得自己做不好是能力问题，或者觉得自己得不到关爱和理解，最为严重的是这使孩子们之间的关系变得越来越脆弱和微妙。美国学者苏珊·福沃德说过："不论是不是故意的，这些父母都把正常的家庭子女间的竞争挑拨得更加激烈、残酷，这种竞争会阻碍兄弟姐妹间情感的健康发展，影响极其深远。除了使孩子的自我形象受损，消极的对比也会造成兄弟姐妹间的憎恨与嫉妒，令他们的感情深深蒙尘。"其结果只会有两个：投降或叛逆。

家长焦虑什么——一位中学老师的观察视角

昨天，我修改完成了文章《合作学习缺不得》，发在一个微信群里，湖南长沙市的张志平老师慨叹道："学校老师没有精力去组织合作型学习小组，我想以家委会的名义组织，请多多指教。"并且说明其原因是："家长的焦虑和盲从比想象中要严重N倍，急功近利的思想已经深入到骨子里，这是作为一个一年级家长对班上家长的感觉。"

我说："不能怪家长，社会分层带来的就业竞争转化为教育焦虑是导致教育行为扭曲的根本原因。教师要沉住气，默默坚守才是。"因为，正如加拿大学者富兰所说："个人回报是人们追求良好教育的一个巨大驱动力，现在可以更加清晰地看到在学习上失败或者个人的潜能得不到充分发挥时所导致的经济和社会上的巨大损失。"

什么是社会分层呢？是什么力量导致了社会分层呢？除了社会政策、政治权力之外，教育起什么作用？这些都需要深入、持久地研究才是。

首先要明确社会分层是社会不平等的表现，在已知的所有社会中普遍存在。社会分层的体系怎样呢？其核心是什么？第一，经济的，将物品定价并使人企望的制度。第二，社会的，劳动分工的职业或职位的物品分配规则和潜规则。第三，政治的，将个人与职业分配、连接并对有价资源不平等控制的社会流动机制。正如孟子所言的"源泉混混，不舍昼夜，盈科而后进，放乎四海"。人是不停更代的水，职业或职位是个"科"（坑），社会是"四海"。社会的不平等产生于两类匹配过程：社会成员与社会角色（职位）相匹配，社会角色与不同价值的报酬相匹配。有些不平等是平等，比如按劳分配；有些不平等是真正的不平等，比如特权下或滥用权力或寻租权力下的不劳而获。

根据格伦斯基的整理，分层体系提供基础的一些资产、资源和有价实物的类型，分为：经济，包括对土地、农田、工厂、专业工作、商业、流动资产、人、劳动力的所有权；政治，包括家庭权威、工作权威、政党和社会权威、宗教领袖等；文化，包括上层社会的消费行为、优雅的举止、特权化的生活方式；社会，包括对上层社会网络的进入、社会关系、社团和俱乐部、会员资格；荣誉，包括声望、好名声、声誉、尊重和诋毁、种族和宗教的优越性；公民，包括财产、契约、选举的权利、议员资格、结社和言论自由；个人，包括技能、专长、在职培训、经验、正规教育、知识。

韦伯认为，欧洲大陆的教育机构，尤其是高等的学习机构——大学，以及技术学院、商学院、大学预科学校和其他中学，都受到了获取所需的"教育"这样一种思潮的主导和影响，这就生产出了一个由特种考试和受训专家或专业知识所构成的庞大体系，而这一切又是现代的科层制度，是日益不可或缺的。"尤为重要的是，通过此类专门考试而获得的教育文凭所具有的社会特权地位，极大地推进了这一考试体系的发展。在教育上的专利能够转换成经济上的优势时，这一点就显得更加明显了。今天教育文凭已经变成了一块敲门砖，而在过去，至少是在贵族仍然掌权的地方，则是门第，是作为进身之阶的。（而现在）学历证书不但成为确保人们生而平等的一个必要的前提条件，而且也成为人们获得教职和官职的一个资格证书。"法国学者博德洛和埃斯特不莱通过比较认为，在教育体系和职业体系之间存在着一个很大范围的或松或紧的"契合"。

由此，学历化社会开始用"待遇"不断把人学历化，学历越高谋求到更好"待遇"的可能性越大而且日益固化为制度的"内核"，教育由此成了社会文化再生产的重要权力。当然，由于受教育消费的影响，去价值化比较严重，"保卫教育的公共性"受到挑战。这样的复杂的"一泻而下"的权力催生出的教育焦虑甚至扭曲的教育心理、反科学的教育就成了一种"必然"。

家长的焦虑表面上看是获得教育优质服务的问题，实质上是教育不公导致的职业竞争的问题。但目前，从国家层面来看，只能提供起点（条件、机会、身份、物质保障等）公平和绝大部分过程公平，教育结果因人的差异性很难确保公平，特别是职业待遇更是差异化的存在，所以，家长在接受教育而未来存在不确定性中产生对孩子学业的焦虑是由社会力量驱动的。只有顺势引导（按照视觉引导师、图像引导法创始人之一的大卫·西贝特的观点，是指以鼓励所有相关者参与、共同拥有以及有创意的方式，通过流程引领人们达成共同目标的艺术），发现孩子的优势并成就孩子才是现实的最优选择。

家校合作的十条建议

家校合作是教育的重要内容。家庭教育与学校教育在目标、任务、场所氛围、关系互动等方面各有侧重，既有界限又互相补充。家庭教育的重要核心是培养孩子的习惯，是靠亲情的亲密关系在私人空间里进行的互动构建；学校教育则是在正规的、程序化的公共空间进行的教育生活，通过课程进行文化和身份识别与构建是其重点。家校合作是家庭、学校、社区三个背景下的"交叠影响"，是教育者与家长（和社区）共同承担学生成长的教育责任，包括当好合格家长、家校交流、志愿服务、在家学习、参与决策和与社区合作等六种实践类型，是现代学校制度的组成部分。

由此，我们认为家校之间需要沟通的平台和方式，基于人性的光辉和美好，构成教育的合力，形成家校合作文化共同体，全方位促进学生的全面发展。为此，我们提出十条建议：

一、家长会是课程。作为家校重要沟通形式的家长会本来就不应该是"告状会""诉苦会"，而是恳谈会，是学生才艺展示的课程进行曲。由学生主导、规划、展示、诠释班级文化和自我展示，从中发现自己进步的力量，实现互伴互助，倡导陪伴文化、激励文化、信任文化。家校教育都立足于激励、激发、欣赏、倾听、信任、成人之美，是符合人性的根本需求的。良好的教育是基于良好人性假设的良言善行。

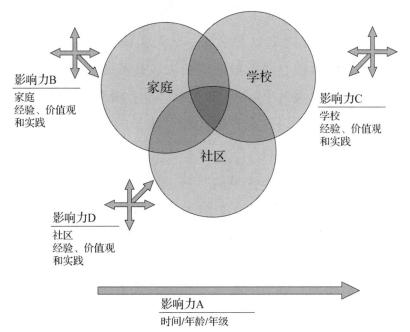

二、参与学校决策。家长作为学生最为直接的关系、利益特定人，对学生的影响是全方位的也是深远的。家长作为学校教育民主决策的参与者，也非常有必要参与学校、班级决策，包括重大决策，教学资源、设备设施、校服购置、评优评先、课堂观察等，提高民主决策的效能。要让家长深刻地认识到"关注了学校，也就关注了孩子"，在无意中把孩子"托"到了"高处"，这是对孩子认知、心理、情感、道德潜在的影响，是隐性教育的一部分。

三、体验教育生活。有条件的学校可以邀请家长自愿到学校适当参加监考、阅卷、跟班、评估、研学、讲座等过程，"体验"教师工作的滋味和日常教育生活。这样做的好处，其一是理解教师，尊重教师，优化家长与教师之间的关系，增强教师和学生的信心；其二是给孩子尊师重教的文化暗示，从小给孩子的成长中注入尊重知识、尊敬教师、敬畏生命、尊重教育的观念，优化社会教育文化。"身教重于言教"，对教师和家长都是一样地重要。

四、亲子共读。借助阅读项目推动亲子共读，使家长同孩子共读、共思、共享。阅读是最好的成长。让家长还原到自己的学生时代，用同理心与孩子交流、沟通，在讨论中提高思想认识，最为关键的是"学会关联、学会梦想、学会科幻、学会思考"，克服教育的唯功利、唯实用目的。目前，基础教育最大的问题就是孩子们不能"做梦"，学不会批判性思考，创造、创新丧失了基本的

"土壤"和"空气"。

五、共同活动。邀请家长代表参加学校节日庆典活动，与孩子共同编写、编排节目，同台演出，共同参加体育活动。共同去创造时，亲子之间高度信任，师生之间高度信任，学生的自我效能感就会大大提高，学习的内生动力就会变得强烈而持久。家长在活动中体验到成功的喜悦，看到孩子光彩动人的表现，家庭关系更加融洽和谐。同时，家长也能发现孩子的不足、不良及不自信之所在，为自纠自正、自我更新找到参照。

六、讲孩子成长的故事。生命总是成长，在不同的成长阶段总会需要孩子们自己去应对问题和冲突，学校、家长有义务和责任去了解"孩子需要什么样的帮助"以及"如何去帮助孩子们"，一个有效可行的方法就是在班会上邀请家长讲自己孩子成长的故事。故事是对生命的叙述，是教育旅程，涉及文化的、社会的、自我概念重构的、政治的关系。家长讲故事让教师"倾听到沉默的声音"，准确了解学生的"表现"，懂得家长的期盼和愿望，以更好地发现学生成长的力量源泉，特别是发现学生道德进步的标志，为进一步提高找到了切入口和充足的理由。家长通过讲孩子成长的故事，对孩子更加信任，发现孩子的优势和长处，充满自信，也会拉近与教师的距离，理解教师、信任教师、尊重教师，家校矛盾大大消除，形成教育合力。

七、共同开发课程。培训家长和邀请有特长的家长与学校、学生、教师共同开发课程，给孩子授课，在厘定家庭教育与学校教育的基础上，针对家长教育手段的简单化、粗糙性，学校聘请全国知名家庭教育专家，按照家庭教育困惑和问题，分不同阶段、不同主题做辅导报告，并与家长进行广泛、热烈的互动，这样的活动对撬动家长具有很好的作用。家长是丰富的资源，若是利用好，特聘为学校志愿教师，发挥自身优势，与学校、学生、教师共同开发课程，给孩子们授课，不仅激励自己的孩子，还造福于其他学生。这是家校合作中的资源优势互补，也是营造全社会尊师重教文化的重要途径。

八、共同参加励志会。每个人心里都有积极的巨大的心理资本，是潜在的精神能量，只要"激活"了，产生心流，就催人奋进。励志会通过科学家、艺术家、工匠、专业人士、校友、社区人才和成功人士给学生励志，家长参加，当谈及感恩成长时，特别的语言和感染力极强的音乐，使学生的情感与家长的情感彼此"激荡"，顿时，互相拥抱，掉泪不止，从而心灵净化，互相推动。根据刺激-反应模式，刺激越新奇、独特，人的反应就越强烈。感情是一种巨大的力量，正如18世纪法国启蒙思想家狄德罗指出的："没有感情这个品质，任何笔调都不可能打动人心。"教育正是建立在人的情感活动基础之上有目的的追求价值的活动。孔子深谙此道，他说："不愤不启，不悱不发。"意思是不到他努力想弄明白而得不到的程度，不要去开导他；不到他心里明白却不能完善表达出来的程度，不要去启发他。

九、共同处理欺凌。家长与学生会、社团一起处理校园欺凌是非常必要的。校园欺凌对涉事双方都是伤害，特别是对被欺凌者的身心伤害潜在而深远。校园欺凌是贵贱、贫富、强弱、大小、群体与个体等之间的存在的冲突，对它的处理需要各方的持久努力才能奏效。除了学校和社会教育之外，让家长与学生团体联合参加协商、沟通、洽谈，纠正错误认识，使涉事双方达成谅解，或者进行危机教育和管理，消除矛盾，预防欺凌，有助于优化人际关系，为教育助一臂之力。

十、家校共读共研。家校共读共研即由家长委员会主导，分年级深入开展家校共读、主题研讨活动，在共同阅读中互相沟通和共同教育。每学年都有系统的纸读、屏读、研讨计划，形式多样，广泛开展，有效落实。

尽管以上十条是粗略的，但是它们来自实践，而来自实践中的经验总是鲜活的，有助于人们深思教育的真谛和育人的规律。若是能够将家校合作课程化，善莫大焉！

命令式教育的危害

　　命令式教育就是通过简单的指令强制性地"规范"他人的行为，是成年人利用已有的权力强迫甚至胁迫年幼的、弱小的其他人命令通常可分为规定性和禁止性的命令，诸如，"限你今晚上把作业做完""我说不行就不行""不准哭""按我说的去做，没有为什么"，语气坚定，容不得"协商"。其危害不容小觑。

　　奥地利精神病学家阿尔弗雷德·阿德勒在其《理解人性》一书中分辨出温顺的人性和端横的人性，这两种极端人性都是教育的结果，在极端情况下都是要不得的。他说："命令式教育的最大弊端在于对儿童起了权力的示范作用，而且向他们显示了各种与享有权力有关的快乐。"人们羡慕权力，既是权力的拥有者，又是权力的服从者。命令式教育除了让受教育者追求权力带来的"快乐"之外，还让其受到权力的"规训"而丧失掉自信、自尊、自动和自主，只能习惯性地接受已经有的结论、结果，闭绝了人的思维联系和构建多元关系的可能性，即关闭了受教育者的学习过程体验，使他们无法与外部世界和知识、意义世界及情感世界"连接"起来，造就的是人的固定思维、因循守旧。人成了一个被动的接受者和行为者，缺乏批判性思维和创新性思维，这与培养独立思想和独立人格是背道而驰的。从这个角度来看，培养不出卓越人才是因为命令式教育大行其道，从根本上轻忽了人的复杂性、曲折性，企图"一劳永逸"地解决问题，最终只能葬送掉人的创新性意识。

今天的世界是一个多元的世界，也是充满价值冲突的时代，需要人们广泛深入地进行沟通，没有同理心是不可想象的。美国世界主义思想家奎迈·安东尼·阿皮亚介绍了一个传教士一改"告诫""警告"方式，换位思考，利用非洲部落下的"思维方式"，创新教育的故事。传教士看到当地人将未经处理的井水喂给婴儿喝，很多婴儿因此而夭折，不管传教士怎么向当地人解释病菌，怎么命令不要给婴儿喝未经处理的井水，都无济于事。当婴儿死亡时，当地部落只用羊来进行巫术祭祀。传教士得到了新启发。他对当地人说："过来，我给你们看一些东西。"他取了一些水，然后把水烧开。他又说："看看水里有一些神灵，如果你们把它们放到火上去烧，它们就会逃走，你们看到这些水泡就是正在逃跑的神灵，它们让你们的孩子患上疾病。"于是把水烧开这件事情就有了意义，婴儿不再死亡。显然，靠命令式教育是无法取得沟通和教育成功的。

毫无疑问，教育是一种权力活动。英国哲学家伯兰特·罗素在其《权力论》说："教育不但产生专横类型的人，而且产生奴隶类型的人，因为它使人感到在实行合作的两个人之间，唯一可能的关系是一个人发号施令而另一个人服从命令的关系。"处在教育中的师生关系应该是平等的、互利的、互相启迪的，而决不是一方决定另一方的绝对的支配关系。

命令式教育反映在课堂上就是从来不考虑接受者的需要而进行的简单的、专断的、粗暴的、一厢情愿的、填鸭式的；即便是在强调互动的合作学习中，学生的回答和互动也只是配合了教师的活动，实质上仍然是教育权力的"单边活动"，决不是以学生学习为中心的"多边互动"。课堂应该是一种沟通的组织，是师生之间借助交互作用，相互传递思想，彼此交流，从而获得创见、变革自我的一种沟通。而貌似多边互动的"配合教育"，是命令式教育的一种"新"形态。

华东师范大学终身教授、博士生导师，华东师范大学课程与教学研究所名誉所长钟启泉指出："我国应试教育的弊端就在于，不是引导学生自身去探究问题、思考问题、解决问题，而是教师让学生背诵教师给出的最终的标准答案。课堂中学习过程的模型应当是科学的探究过程。"无论是佐藤学的"学习共同体"，还是李普曼主张的"探究的共同体"（community of inquiry），都是建立在"关系构建"和"学习解码"基础之上的意义协商和自我批判的实践。

命令式教育可以休矣！

观品教育

7. 家庭教育要从宴飨会饮开始

食品教育是家庭教育的重要组成部分。食品不仅是维持生命、提升生命质量的保障，还与人类发展历史息息相关。食品教育要让学生从历史的视角了解人类自己的生命日益强大的历史动因，并展望未来，增强自己的历史责任感，而非只从食品技术教育和食品商业的角度进行。

从食品来源的发展看，在前农业时代，食物的获取主要通过狩猎、采集和其他自然界进行掠夺的方式，另一种就是人类控制自然，主要依靠种植和对动物的驯化。农业诞生至今有1万多年，距今8000年欧洲已经出现驯养物种。约3500年前在英国汉布尔登山顶举行的季节性宴会上，人们带来与祖先分享的食物，可能是成袋的谷物和丰收的榛子，也有可能是屠宰了的家羊和野牛，所有这些食物都在他们回填的坑穴里留下了痕迹。在这些食物中最有趣的是葡萄籽，可能来自比大部分食物都要遥远的地方——法国南部。

距今5000年的古代巴比伦王室贵族陵墓的"乌尔王军旗"，是现存最早的关于古代盛大宴会的图案，它被镶嵌在一个木箱子上。其中一面图案分为上中下三层：最上层是一个贵族模样的人与他的6位宾客相对而坐，他们都举着酒杯，旁边有仆人和乐师；中间和下面两层描绘的是运往宴会的丰富食材，有牛、成群的羊和成捆的鱼，还有沉重的包裹，里面或许装着粮食和水果。古希腊荷马曾详细叙述了涅斯托耳盛宴，最引人注目的是出现了精美的高脚杯——基里克斯杯。古希腊迈锡尼文明的"再分配宴会"也是古代盛大宴会之一。柏拉图的《会饮》更是借助食物对人性爱欲的探讨，"正如在我们的技艺中，一大功夫就是围绕烹饪术来美美地使用欲望，以便获得快乐而又不致害病"。中国《诗经》中的"雅""颂"几乎都与宴飨会饮、祭祀颂德有关。由此可见，饮食与仪式、礼物、文化、教育密不可分，中国的节日文化中从来就没有离开过饮食，《礼记》中就有"夫礼之初，始诸饮食"的记载。"礼"从某种角度来说，就是角色身份的认同，身份认同就是从培养习惯开始的，而习惯的培养是家庭教育的核心任务。

人的软弱性（发育慢，接受教育的时间长）决定了人的合作性、群集性。为了生存繁衍，最初的合作是通过分工负责、共同狩猎，狩猎后按平均或差别化原则分配食物，这是人类文化、文明的基因。人类使用火是一大文明进步。使用火塘烧烤、取暖、聚食、交流甚至争吵、争夺，面对面的互动，即列维·斯特劳斯所谓的"外烹饪"，不仅营养化，还排毒。"外烹饪"是开放的、奢侈的、戏剧性的。食物的烹煮，诱惑人们的味蕾，使肉嫩化，增加营养，从而促进了脑的发育。从使用火的过程中发现土壤变硬得到启发，人们开始制陶，使炖煮成为可能，即列维·斯特劳斯所谓的"内烹饪"。"内烹饪"除了共食增加亲密度之外，还包括安全、节约和共享。这是人类群集性、共存性的体现，也是"家"的哲学内涵，是家庭教育中亲亲关系的情感基础。

聚餐宴饮一般在庆祝、祭祀、谈判、联盟、乡约、生老病死、组成家庭等社会共享共栖之时诞生，一是为了拉帕波特所说的由神灵、神话、故事组成的"主位世界"，二是为了可操作的"客位世界"。同时，聚餐宴饮还引发和刺激诞生了新的思想观念、哲学、音乐、舞蹈、歌诗、礼品、礼仪等。从饮食的民族性和所代表的意识形态来看，餐桌是有权力的。权力是因为通过竞争性宴会和座位排法的形式，权力是因为通过竞争性宴会的形式，把食物转换成了地位和权力，特别是文化权力，起到约束、规范或宰制的作用，同时，餐桌与美食是文化软实力，具有互相交流、互相吸引、互相借鉴的作用。在中国，这也是"孝"文化中"尊老"在餐桌座位上的权力显示，今天演变成了重要的餐桌礼仪。餐桌礼仪要在家庭餐饮教育中从小培养。

老子说："治大国如烹小鲜。"制作饮食能悟治家治国的道理。聚餐能启迪思考、治家治国、进行社会交流、发挥影响力、铭记特殊意义、昭示地位、显示权力、化干戈为玉帛、获得愉悦、释放压力、获得认可、庆祝祭祀、关注生命、进行特别消费等。英国学者马丁·琼斯指出："从更广阔的时间和空间尺度，来看看这种食物分享是如何施展影响效力的，它不仅影响了军事、城镇文化和消费，还从根本上影响更大范围的人类群体、地貌以及他们食物生产方式的本质。"

对食物进行遴选、搭配、调和、融合后，食物的营养、色彩、成象刺激人的口感和食欲，对培养人的高尚审美观，加强亲子沟通、减缓生活压力至关重要。更何况庖丁解牛、治大国如烹小鲜、君子远庖厨、脍不厌细都是喻理于象，属于食品哲学追问。在家庭中，结合饮食欲望、制作、分配、分享活动可以"问道膳食"。同理，成功的教育往往从激活人的"问道"欲望开始，终止于哲学思考。在家庭饮食教育中，借助食物让孩子发问、思考，使用工具参与制作，就食物与家长交流、分享，再让孩子记录、表达就是生活化、情境化的教育。

禁忌、斋戒和专享都是表明曾经的伤害记忆、身份地位和文化价值观念的，意味着我们是这群人（内群体）而非那群人（外群体）。分清敌我，是禁忌企图自证、分类、合作、建立秩序和规则的宰制机制。谁先享用、享用什么，是文化权力规定好了的。让什么人享用、不让什么人享用及承认他者、接纳他者是需要群体专门讨论的问题。这些问题的讨论必然涉及环境、饥馑、政治、改朝、人口、流民、土著文化、战争与杀戮等。这些问题是饮食的宏大叙事，是人类的"大概念"，是历史教育的大主题，也是家庭教育中承认他者、接受他者及培养家庭子女人类情怀的重要命题。

参加宴会的礼仪、服饰越来越重要。装饰，特别是中国的玉文化和遍及全球的文身、工具、武器、容器、酒杯、车辆、房屋、陶器、图腾、族徽、陪葬品等，与分类、社会地位、等级、权力、身份、性别、家族、民族不无关系。

食育应该是历史的、文化的、身心的、消费的、疾病的、政治的、食品的综合课程。家庭中的食育要从更加广阔的、意义丰富的"宴飨会饮"开始。

一 家庭教育篇

家庭食育谈

现代教育只管德智体美劳,唯独遗忘与身体健康密切相关的"食"。一部《舌尖上的中国》让中国人百看不厌,但仅仅是刺激舌而已,目的离不开消费,与食育相差甚远!

从人的发展历程来看,有人研究发现0~7岁是食育习惯形成的关键期。当然,食育应该是贯穿整个人的一生,按不同的年龄段来规划不同的主题与内容。但是目前这方面的政策、课程和教学几乎是空白。

从婚育到家庭生活培训都缺乏食育的内容,导致准父母和在场父母对食育知识的欠缺,家庭食育观念淡薄,食育方法简单粗糙甚至无知而反科学,深刻影响着孩子们的身心的健康成长。

从物质匮乏到餐桌丰富,现代儿童因为食育缺乏、父母无知、同伴模仿、经济发展后的饮食易得、社会广告商业消费的不当影响等导致的饮食紊乱、贪吃、偏食、喜甜、吃饭慢、厌食、口味差、不吃主食等问题已经成为严重的社会问题,可惜的是人们至今尚不觉悟食育的必要性。

食育首先是饮食行为教育。饮食行为包括饮食选择、饮食偏好、进食氛围、进食方式、喂养行为等。孩子的饮食行为与其家长密切相关。愚蠢的家长总是在饭桌上训斥、吓责孩子,而不是以色香味"诱食",也不知道营养价值是什么，不能告诉孩子如何选择食物以达到营养平衡。这样的教育是很拙劣的，不仅无益反而有害，因为它会导致孩子产生应激反应，肾上腺素激增，肌肉变得僵硬，情绪紧张，吞咽困难。中国古人的"食不言，寝不语"及"饭前不训子，睡前不训妻"不无道理。

孩子年龄越小，家长的影响越大。日本料理研究师、营养师小山浩子指出："如果将孩子的大脑看成是接受训练的选手，将指导孩子念书的人（如学校老师和补习班老师）视为教练，家长扮演的角色当然是管理营养的专属营养师。为了让孩子的学习效果发挥到极致，能够胜任'大脑开发'这项重要工作的人，当然唯有于每天为孩子准备饮食的家长啰。"毫无疑问，家长是孩子食育的第一任老师，也是第一责任人。

在家庭生活中，科学食育的途径通常有：第一，家长加强学习有关食育的知识，优化教养方式，不娇惯，不脱责，不随意买零食，特别是不随便给钱让孩子自己买早餐吃。有些家长因为工作忙或图方便，随便给孩子零花钱自购早餐，结果有些孩子购买偏爱的饮食，有些孩子不吃早餐，挪作他用。早餐的重要性不言而喻。早餐质量缺乏保证，不仅损害健康，而且也使家长和孩子失去了亲子之间的亲密交流的机会。可以说，不懂得每天如何做好一顿早餐的家长是不合格的家长！第二，家长从餐前情感教育入手，和颜悦色，让孩子备感安全，心理舒适，愉快饮食。调查资料显示，现代生活中的儿童厌食、偏食、拒食近一半是由餐前情绪不良引起的。孩子从幼儿期到学龄期，智力会发生一个飞跃。在这一时期，儿童的空腹感与食欲的关系不再单纯，因为在这两个生理环节之间，已经有了心理因素的介入。这时的吃喝行为不单单源自生理性食欲，而是源自经验性、能动性的食欲。于是，培养科学的饮食习惯就显得非常非常重要。第三，孩子努力做到不偏食，克服绝对性偏食、心理性偏食、经验性偏食等，防止营养失衡，身心受损，要特别警惕偏食对大脑、身体发育、情绪、心理的潜在损害。家长要时时观察，天天记录，写好成长记录。第四，家长保持对孩子饮食行为问题的高敏感度，发现问题，哪怕是细微的问题，如孩子吃饭慢等，也要留意是在仔细咀嚼，还是食欲降低了。唯其如此，孩子才能从小养成良好的饮食行为习惯。第五，亲自陪伴孩子饮食，通过放背景音乐或饮食PPT、讲故事（比如《种子的故事》）营造氛围，亲昵地跟孩子交流饮食营养、作用及可能引发的疾病；共同讨论"餐艺制作"，共同"规划"下一顿饭的种类及色香味；共同讨论PPT内容和故事主题，将家庭食育课程化、经常化。第六，利用好闲暇时间，多带领孩子户外野炊、农场采摘等，指导孩子自己利用人工和自然食材制作食物。一方面就地取材、师法自然、认识植物、问道膳食，学会养生；另一方面动手制作、学以致用、学会合作，增加亲密度，使孩子快乐生活、体验幸福、健康成长！第七，根据行为主义心理学的"刺激-反应"原理，将每次餐饮当作家庭大事、重要仪式。刺激形式越新颖多样，效果越好。也就是说，食品种类和仪式活动越是丰富多样，教育的效果就越显著。因此，将营养学、保健学、食品安全、跨文化下的饮食文化交流、餐艺礼仪、贪食与疾病、节俭、简易生活等"贯穿"在饮食制作、食物品尝与分享过程中是最为有效的食育。食物的本质特征就是"分享"，"分享"的过程就是交流、碰撞和融合的过程。第八，家长要经常关注生活中的饮食问题引起的肥胖、厌食、糖尿病、"三高"等疾病案例，及时体检，让孩子学会对饮食的反思，将认知转化为自觉的良好的饮食行为，并持续一生。第九，抓好"关键期"。人类的大脑从胎儿期就开始发育，最佳的开发时期是在出生后至6个月左右。研究显示，6岁时，大脑神经细胞发育到成人大脑的90%，到了12岁大脑发育几乎完成。也就是说大脑的成长从胎儿时期就开始发展，至婴儿期、幼儿期达到巅峰，到小学毕业时接近完成。因此，孩子未来的能力，与这段时期大脑开发的程度息息相关。开发大脑需要拷问膳食和营养素。研究显示，人的饮食习惯形成在0~7岁之间。所以，为大脑开发打好基础就得提供良好的饮食，同时要做好食育习惯的养成，千万轻忽不得。第十，结合婴幼儿童的认知特点和身心发育规律，开发出以图片、动漫、游戏、寓言、拼接、餐艺、农艺、水果会、蔬菜总动员、餐具大会等为主要形式的丰富多样的认知活动和实践活动课程，较为系统地开发孩子心智。

家庭食育是人生教育中与每个人自身最为密切的教育！

9.

家校共读共育

　　山东德州东风东路小学,班级家庭书香一体化特色鲜明,蕴含丰富的教育意义,值得思考。

　　他们的阅读理念是阅读立人、阅读强班、阅读润家、阅读兴校,本着思想性、整体性、课程性、差异性、实践性原则,优化阅读生态,引领学生阅读,促进家校共育,实现阅读育人、阅读启智、阅读怡情、阅读养德的教育目标。其目的是提高班级文化品位、提升教师队伍素养、奠基学生终身发展,实现班级家庭互促互进。

　　有了清晰的、较高的阅读观之后行动起来就容易多了。教育诉诸人的发展、教育实践、国家的意志等,所以,他们在充分调查的基础上,制定了"班级家庭一体化建设方案",利用思维导图如麦肯锡方法"相互独立、完全穷尽"一样扩展成为阅读网络,营建良好的、动态的、增值的阅读生态,使阅读成为生活的基本样态和自我教育的方式。

　　甲骨文的"共"字显示双手举起需要仰视的标志性、共同价值观的物品。有了方案,达成共识,才能实现共育。舆论是真正的文化权力,谁定义了舆论,谁就拥有了教育的主动权。所以,他们把阅读观念的"启蒙教育"看作是一件达成共识的大事来抓。一是通过召开不同层面、不同主题、不同形式的家长会,传达并解读实施方案,获得家校阅读共识。二是班级通过创建班级文化、开设阅读指导课、树立书香家庭典型带动书香家庭建设。三是家庭通过坚持陪伴孩子阅读,认真完成认定手册,主动分享家庭阅读的先进经验以促进书香班级建设,家校互为主体。四是活动仪式化,促进阅读品牌、精品建设。五是提高对阅读本质的理解。琼·布鲁克斯·迈克雷纳在其《早期文字教育》中指出,"不同的体验使儿童认识到阅读是一个交流和解释世界的过程,许多儿童开始学习'破解密码'。"

通过开学典礼启动,读书节展示,儿童节定级颁奖,元旦集中报道、推广典型,发挥辐射带动优势。

家校阅读使家庭和学校交互、对话、互为主体,将阅读课程化,建立家校教育共同体,充分发挥阅读的缓冲器作用,使阅读肩负起构建和谐社会的重大责任。

首先是班级带动家庭,利用课程学习手段实现家校共育。一是创建班级文化,营造阅读氛围,线上、线下为师生和家庭提供阅读名著、戏剧表演、二次转换思维、投射跨界学习、涉身认知、展示自我,激发阅读信心和兴趣,推动阅读纵深发展。二是开设阅读指导课,系统地对学生阅读策略及用书、写读后感等各项阅读活动进行指导,有效引领家庭阅读,将阅读课程化,植入阅读文化。三是利用书香家庭典型,发挥以点带面的辐射作用,做好阅读推广工作。这就是典型的案例教学。

其次是家庭促进班级。一是家庭积极参与书香班级建设,为孩子创设温馨的读书环境,家长坚持陪伴孩子阅读,让阅读成为家庭的一种生活方式。二是认真完成《书香家庭五星级的认定手册》,亲子共读,并鼓励孩子积极参与各项阅读分享活动。三是主动在班级活动和微信群分享家庭阅读的先进经验,成为家庭阅读推广人,促进班级阅读的良性互动发展。四是通过阅读活动家校互相理解、互相谅解、互相妥协、互相践诺,建立信任文化,消除误解和矛盾,使阅读肩负起构建和谐社会的重大责任。这是有字之书和无字之书的结合,是对阅读本身的一种超越!

通过阅读家校互为补充、互相促进形成家校教育建设性的共同体,是阅读工程建设的核心任务。

为了推动阅读的持续发展，他们充分发挥评价的发展性功能、整本书阅读与运动竞赛规则的结合的优势和学生的研究性学习的力量。

他们首先制定了书香班级和书香家庭的五星认定标准，提出了"三步（创氛围、抓落实、展成果）""九有（有活动、有阵地、有课程、有计划、有指导、有交流、有笔记、有文章、有展示）""五书（荐书、读书、看书、写书、用书）"，用标准进行驱动，特别是把自评和他评结合起来，实现了阅读的课程化和高品质发展。同时，他们还对学生的阅读和家庭的阅读通过"阅读毕业证""奖牌""评选书香教师"（量化考核加分、提供外出培训进修、评优选先）进行奖励。

借助《西游记》等名著整本书阅读，开展阅读运动会活动。项目化学习、主题阅读形式多样，特色鲜明，成效显著。比如，大话西游记让学生走上讲台讲故事情节、分析人物形象、谈感悟体会；西游剧场让学生根据名著自编、自导、自演，以输出的方式巩固阅读效果；以不同的主题进行研究性学习让孩子发挥自己的研究能力和兴趣，培养孩子的学术兴趣和科学精神；亲子漫谈、全员扮演，邀请家长进课堂，采用自选朗读、表演等形式，展示家庭在这一阶段的阅读收获。特别值得一提的是，他们开展了首届云端班级家庭阅读运动会。阅读运动会利用钉钉网络平台，采用线上、线下相结合的方式进行比赛，主会场设在学校录播室。比赛的项目是读美文、讲故事、诵经典、看图写话、亲子剧场及五项全能（参与以上五项比赛）。甚至还利用马拉松赛跑似的比赛长度，按不同的赛程设计阅读的内容，让阅读从一个人的事变成一群人的事，形成校园、班级和家庭对于阅读的"共同记忆""人生关键事件"，赋予阅读别致的、独特的仪式感。其丰富的教育意蕴在于将体育运动与阅读、写作结合起来，构置了一种多视野的、多维空间的阅读生活方式。实际上，只要有了新的意义空间，就有了种种可能性，而这些可能性提供了多样的学习。所以创设新的视角、新的意义空间至关重要。

需要思考的问题：①从课内到课外的衔接。②课例与整本书、群文阅读的支点撬动。③从读书方法到阅读习惯的养成。④屏读与纸读的比例。⑤如何创建系统的阅读文化？⑥如何将传统中的读书之法与现代编辑学方法中的扩延、解构、诠释、延异、还原等结合？⑦如何将阅读与游戏、儿童哲学、跨界学习、主题学习、问题解决的学习（PBL）等结合起来？⑧如何营造阅读空间？⑨如何将汉字阅读的脑科学与隐性学习、汉字阅读心理学结合？⑩如何建立帮助学生阅读的支持系统？

　　阅读成就人生、促进文明，是静悄悄的教育革命。阅读不仅仅是媒介、文化的发展史，还是个人的精神成长史、社会文明的进步史！

戏剧表演的教育意味

人生来就有表演天赋,是元人性之一。一些家庭和北京十一学校等将戏剧作为最为重要的家庭、校本课程之一来开发和实践是促进人性发展需求的教育行为。

戏剧是综合性学科,涉及语言、角色、音乐、舞蹈、身体、场景、故事、图像、结构冲突、道德认知、文化仪式、价值判断、审美标准、教育感化等多种视角、多主题、多内涵。戏剧的即兴表演是投射学习,是个人经验、情感态度、认知判断、价值追求与他人精神图像世界、语言世界、道德世界的"融合、选择和对话"的表现,是呈现出来的身体运动的视觉文化艺术,而不是思想世界的简单证明。表演形式多样,风格各异,可以单独表演,也可以合作表演。它为我们提供思想武库、思维方式、审美经验、道德观念、家庭观念、权力系谱、剧场技能、情感教育、课程内容、学习方式、个人体验等。

古希腊悲喜剧鼎盛于公元前六世纪。据亚里士多德的《诗学》,悲剧的诞生可能要追溯至羊人剧,它是酒神祭典中的酒神颂歌,悲叹酒神的不幸(悲剧的原意是"山羊之歌")。这些赞美诗都是人们在酣醉的时候即兴创作的。喜剧的原意是"狂欢游行之歌",起源于酒神祭典中的狂欢歌舞和滑稽表演,由最初的列队吟唱娱神到后来的扮演角色、台词、动作表演,逐步形成了早期的戏剧,主要目的是娱神和教化。由此看来，人需要精神形象，这是不竭的内在动力。教育正在激发人的内在的力量，而这内在的力量成为人性觉醒、自我完善的意向。戏剧的教育价值体现在诸多方面，并且蕴含于综合性的课程，是适合每个学生的特长技能的项目式学习。戏剧表演是人与自然、世界和他人关系的互动中，运动的身体以程式化、仪式化、艺术化、图像化、场景化、故事化、游戏化的表现形态，是一种意义再现符号。

从课程体验的角度来说，戏剧是生存体验课程。表演文前反思，是先于行为的反思性的自我表达，也就是提前进行规则性、程序性的角色、语言、情感、思想的转换训练和投射学习，目的在于将观众"带入"。美国学者格鲁梅特指出："戏剧，尤其是即兴舞蹈、行为训练和现场创作，让学生带回到对他们自己的身体、情感、思考和语言的有意识的感觉中去。"学生在戏剧课程中，通过自己身体的认知与表现、语言的再生产、思想的投射、身份的再构建，看到"戏剧和教育的辩证法——一个和多个、主动和被动、领导和被领导、自由和统一、抽象和具体、自我和他人、给予和获取、同化和顺应"（转引自派纳《理解课程》【下】）。世界戏剧理论家斯坦尼斯拉夫斯基在《演员自我修养》中指出，"在我们的艺术里，你必须每一个当下都活在你扮演的角色里，每一次都必须这样。每一次都必须要重新创作、重新体验、重新再现。"这一方面体现了演员一丝不苟的艺术"舞台意识"，另一方面也反映了表演所要求的表达一致使我们在社会化过程中精神变得崇高而且确定，从而帮助学生获得精神奇迹和人类价值。

日本世界级戏剧大师铃木忠志在《文化就是身体》中指出："戏剧不仅仅发生于观众和演员之间，也发生于观众和演员共处的那个特定场所。戏剧的发生不仅仅是由于所谓演员和属于观众的抽象相遇，戏剧的产生也需要一个独特的空间，作为所有在场者的中介，把所有在场元素融合起来。这种相遇的内容受制于空间的质量和事发的情况。这些理论都说明一点：这种成为戏剧的社会行为，单靠演员的努力是无法产生的，还需要有活跃的观众在场。"教育剧场的现场精神就是认同、沉迷和进入。只有当学生主动投入学习过程，才有助于大脑的发展——学生越是自主学习，他们的神经树突成长得越健康。戏剧的教学正是通过戏剧活动和"活跃的观众"自己主动学习来创造性地解决问题的。同时，戏剧作为体验课程的目的，是向学生提供批判性反思的过程和工具，这是为了提升自己和改变环境必须拥有的素质，也是教育的主要目标之一，即做一个高水平元认知监控的成功学习者。

　　戏剧作为"存在体验课程"，戏剧角色和场景及其互动关系是课程"运动方式"，向学生暗示"新的种种可能性"，也就是我们日常生活经验中未必知觉的东西，从而让学生发现自己，重新构建自己。因为戏剧最能唤醒"如果……会发生什么"的梦想和情感，呈现出开放的姿态。艺术生命在于创造，也就是使熟悉的陌生化和使陌生的熟悉化——创生意义。杜威认为："那么，首先，艺术是一个将自然之一般的反复的、秩序的、确定的方面与自然之不完整的、持续的，因而仍然是不确定的、偶然的、新颖的、具体的方法融合、联合……这种联合是必要的、自由的，是多与一的和谐，是感觉与理想的和谐。"戏剧来自集体的智慧，是可变化、可伸缩的多重关系，没有两出戏剧演出是一模一样的。况且，观众可再创造！美国布莱希特认为："在戏剧中，观众将被接受为'伟大的变革者'，他能干预自然过程和社会过程，他不再接受世界，而是掌握世界。"创造和变换是戏剧课程最为核心的哲学，是"灵魂制造和精神图像"的动态和谐运动。这种艺术的张力虽与学校文化在生产所追求的同一性上有较大的冲突，尽管学校效率崇拜中牺牲最多的是艺术课程，然而，正是这张力促使艺术课程更好地为每个学生的全面发展服务和提供支持。张力是想象得以释放和再现的条件之一。戏剧创作和表演都建立在想象之上，将学习者置于学习与探究的中心，创造一种积极的、愉悦的和有教育意义的场景氛围。美国心理学家苏泽在其《脑与学习》中说："当感受和情绪与学习连接在一起时，关联性就特别强。……因此，教师应当努力将愉悦的感受与新学习联系在一起，以使学生感到有信心，并能在此过程中获得快乐。"戏剧表演使学生终身致力于真善美的融合，致力于情感（身体）、思想（认知）、灵魂（精神）的融合。

　　艺术，特别是视觉艺术促进人的认知发展是有充分根据的。人类学发现，每个人类部落都有自己的音乐、视觉艺术和舞蹈；当今科学离不开艺术的孵化，人的社会化过程离不开艺术的滋养；文化也要通过音乐、舞蹈、建筑、视觉艺术、文学、戏剧等来"表现"……艺术是最为适合儿童大脑发育的课程，它能使大脑在发育早期树突和突触连接，迅速生长，帮助大脑形成神经网络，促进学习，使儿童不断地社会化。艺术在人类发展过程中具有重要作用，促进了人类的认知、情绪和心理运动的发展。斯坦福大学的学者认为艺术教育是从八个方面促进认知发展的：对关系的直觉；注意细微差别；问题可以有多种解决方法；在过程中转换目标的能力；可以在没有规则的情况下作出决定；使用想象作为内容的来源；接受操作具有局限性的现实，目的是在有限的条件下做出突破；从审美的角度看待世界的能力。

尽管我们可以把戏剧视为文字的视觉化和听觉化呈现，但必须是通过身体来表达、再现、解码。跺脚、拖步、旋转、曲身、扭转、飞腾等，都是涉身感知和对世界的体认方式。从具身认知来看，身心一体，身体与环境的互动，造就了心智和认知。心智、身体、环境是一体化的。身体是体验中的身体，是认知过程的主体，身体和心智是主体经验的两个不同方面。美国的彼得·基维在《美学指南》中说："在身体运动中，我们实际上都一定会有无穷无尽的灵活与变换的能力。"我们看到的身体是"肉体""运动体""姿态""社会性身体""象征意义的身体"（生命之舞）。戏剧表演和欣赏中的身体是特定的精神图像，具有潜在的意味。英国学者贡布里希以"快照"为例揭示道："如果我们问自己，为了传达生命和运动的印象，一张快照必须具备什么样的特质，我们就会发现（而且并不感到意外），这同样取决于我们获得意义——允许我们对过去做补充和对未来做预期的意义——的容易程度。"（《图像与眼睛》）同时，身体又反映人类普遍的情感、移情、共情和同理心，是交互的主体性哲学。在扎哈维看来，基于身体行为的交互主体性，不能将身体理解为单纯的生理意义，而应该理解为某种心化身体。正因为如此，日本能剧理论家铃木忠志非常重视演员的下半身，他说："我认为身体与地面的有意识的沟通是打开所有身体机能意识的起点和入口，是戏剧表演的出发点。学会如何使用足部是舞台表演的基础。胳膊和双手的动作都只是为了补充以足部为基础的身体在不同姿势位置上的身体内在感知，很多时候，足部的位置甚至决定了演员声音的力度和细微差别。演员没有胳膊和手还可以表演，但要是没有足部，我们很难想象他能够怎么表演。"其实，戏剧中的每一个身体姿态都是有意味的形式，就如荷兰学者哈德·扎卡利亚斯在1964年的著作《芭蕾》所说："足尖立地旋转这个动作，在古典舞蹈中，代表着一种协调的动态表现，一种高深与深度、天空与大地、失重与重心的平衡，这与学术上的通常解释是不同的。"

只要我们有发现的眼和教育的智慧之心，我们就可用戏剧的手段，将其他学科内容戏剧化、游戏化（比如，成语课本剧），形成教育剧场，使学生具有艺术品格。让学生的身体参与到学习中来，是明智的、科学的；让学生通过戏剧课程来表达和理解自然、社会、他人、自我，是智慧的、审美的、道德的、穿越的教育。感悟表演和身体文化以及人的精神图像是课程哲学和课程美学的基本任务。

二、教育感悟篇

教育的显与隐

人们生活在一个差序、对比、竞争的社会，面对矛盾冲突时，情绪调控是达成妥协、取得共识的前提，通过公开的、平等的协商，最后达到谅解，这些程序都是开放的，公开的。

最为显性的是：面对矛盾冲突时，双方都将自己的利益最大化，这是人性。双方都面临两种无法回避的"选择"：要么妥协和解，要么牺牲一方。如何将矛盾冲突视为发展和谐关系的契机，妙手回春，"化干戈为玉帛"才是社会政治所希望的，也是人性光辉力量的彰显。但是，同情弱者、扶助弱者、凸显社会正义又是必需的。我们只有互相赢得信任，激发渴望，助飞希望，调动理性，取得共识，达成谅解、和解，既解决问题，又重构关系。这就是显性的社会规范教育，它通过利益有涉者共同参与对话活动来实现，不仅仅是一种危机管理机制。

从道德情感上来分析，我们的（甚至包括东亚文化圈）文化中缺少"道歉""忏悔""悔罪"的"认知能力"的。尽管中国传统社会的主导思想是儒家文化，但是，正如学者朱大可指出的："法家系的巨大铁轮，碾压儒家及其民众的日常生活，由此滋养……正是基于法家的强硬掌控，反思和忏悔成为文官生涯的精神冗余物。""所有的道德忏悔不能止于个人道歉，而应继续发育成政治/

文化追问，才能令忏悔产生最大效应，由此推动思想启蒙和人本主义精神的全面营造。"忏悔的另一头是宽容，宽容体现着我们对人性美好的追求和尊重，是人之为人的社会境脉化的"理由"。

显性的理智化的活动是教育的主要形式，但隐性的"不留痕"的行为更能体现教育的魅力。

有位中学校长是这样教育两位学生的。两位学生经常迟到也不愿运动，身体不是很健康。校长要求他们每天课间操期间跑步到校长办公室报告："我来报到。"一学期下来，学生的生活方式和学习方式彻底改变了。

这位校长无疑是富有智慧的，针对学生的弱项，借助校长特殊的身份，将正式的职位权力作为教育手段，通过"跑步报告"来改变学生，体现了教育者的大智慧。这种隐性的教育的力量是巨大的，甚至是决定性的。人们对于"命令"或现存的权力、制度的"强制"是带有先天的反感、反叛情绪的。当然，按照法国哲学家福柯的观点，人有自我治理的愿望和能力的。

中国人将"精气神"视为生命的根本特征，王阳明说："流行为气，凝聚为精，妙用为神。"教育无非就是基于生命的开放，顺着人性美好的方向让人主动改变或潜在改变的神圣的智谋或实践活动，正如柏拉图所说："它不是要在灵魂中创造视力，而是肯定灵魂本身有视力，但认为它不能正确地把握方向，或不是在看该看的方向，因而想方设法努力促使它转向。"与命令式教育相比，更为道德的办法就是"洞悉内心世界、激发人的欲望、自己创造自己的新主体"，让人在不自觉中实现"自觉"，完成灵魂的优美转向，使人趋向高尚、高雅、高贵。

没有理智的教育是粗暴的规训，没有智慧的教育是宰制！教育是高扬人性真善美，是对生命意义探索和建构。科学和艺术是教育的两个翅膀，载负着人遨游于人性、诗性和智性的空际。

2. 大师的课堂

　　法国哲学家福柯在1976年1月7日面对学生演讲时就需要研究的一些研究主题和概念时说:"我可以对你们说:总之,这是一些要继续下去的轨迹,它们通向哪里并不重要,甚至不通向任何地方也不重要,无论怎样,它并不规定必须向前的方向;这是些断断续续的点,应当由你们来继续或转向,而我可能会继续,也可能给它们另外勾画一个轮廓。总之,我们都很清楚能够怎样利用这些片断。我使自己有点像头跃出水面的抹香鲸,留下一串稍纵即逝的泡沫,让人相信,使人相信,人们也愿意相信,也可能人们自己实际上相信,在水面下,有一条人们不再看得到的抹香鲸,它不再受任何人觉察和监视,在那里,这条抹香鲸走着一条深深的、前后一致和深思熟虑的道路。

　　"这就是大致的情况,我是这么认为的;我不知道你们是怎样想的。总之,我给你们介绍的工作是片断的、重复的和不连贯的,它和人们说的'发烧的疲倦'相一致,这种'倦息'表现出一种性格上的对图书馆、对档案、对附注、对积满灰尘的手稿、对从来无人过目的文章、对印数极少躺在书架上直至几个世纪以后才有人拿出来的书充满爱恋。"

　　福柯不是匠气十足的工匠,而是思想大师!他鼓励学生研究、独立系统思考、沉浸阅读。

大师的课堂就是跟普通教师的不一样!

面对研究的主题,应该持什么态度?福柯认为"通向哪里不重要",即个人企图、目的和材料导向的研究方向并不重要,意思是要有广阔的视野和视界,或许占有材料才是关键的。福柯说"这是些断断续续的点(有关于刑罚程序历史的报告;涉及进化和19世纪精神病学制度化的一些章节;关于古希腊的诡辩术或货币,或者说是中世纪宗教裁判所的一些思考;关于性知识粗略的勾画,或者说是17世纪通过忏悔活动展开的性知识的历史,或者是18世纪和19世纪对儿童的性的控制;对关于畸形的理论和知识,以及与此相关的一切技术的定位),应当由你们继续或转向",意思是说学术研究贵在自己持之以恒地深入材料之中或找到一个方向,自己主动地去思考探索。

导师的角色功能是什么呢?一是"勾画轮廓",实际上是通过"架构"和重新组织之后自组织来把握结构和思考路径。二是利用材料为自己的观点服务,就是"循证"。三是给学生"展示"出为师的"强大魅力"和研究特质精神,像福柯所说的如"跃出水面的抹香鲸,留下一串稍纵即逝的泡沫",让人得到确证,产生自信并使人确信。四是潜行,减少"觉察和监视",自由地"走着一条深深的、前后一致和深思熟虑的道路",学术研究是潜行的自由思考,而非知识卖弄。五是促使学生对材料"爱恋",唯其"爱屋及乌",才能深耕其中。

大师关注的是人的自我塑造,而非知识的传授。正如德国教育家斯第多惠所言:"教学艺术的本质不在于传授本领,而在于激励、唤醒和鼓舞。"人之所以是人就在于求知和思考,若没有内在的力量,人的行为难以持续。

大师的课堂是激荡、碰撞、交汇、对话思想的场景,让人的美好欲望得到充足的释放,大师审议人类的思想、历史、文明,彰显自己的思想武库和对世界的认知,使我们成为自己的大师,进而成为思想的大师,形成一个大师孕育出众多大师的文化。大师诞生于良好的教育生态,必备的条件是空气、土壤、水和种子。从教育生态系统、高品质发展的视野审视大师的课堂,总结出大师们的课堂文化,有助于我们的教育改革!

3.

教学机智

今天早上第一节课巡视中发现初一8班后门口站着一个身体瘦弱女学生。职业习惯和教育情怀促使我走到学生跟前，俯下身子问缘由，侧耳倾听学生或高或低或流畅或结巴的陈述。我一问学生为什么站在门口，学生语未出泪已落，"处境困难，心境悲伤"。再仔细问，原来，老师提问另一名学生，而此名女学生却破口而说出了问题的"答案"。老师可能出于"秩序"抑或"威严"，竟然让急于表现的女学生到门口罚站。我听后，赶紧安慰学生："你别哭，我找一下你们的牛老师谈谈。"学生一边抹泪一边点头。

我们要知道，小学生的"表现欲"不仅是重要的课程资源，学生的学习一定是情绪的活动，情感驱动注意力和专注力，通向高阶思维；更是学生社会化过程中交流和共享的非智力能力的标志。美国教育咨询顾问与培训师R·布鲁斯·威廉姆斯说："教师如果想让学生关注、掌握和运用什么知识，就必须把这些知识包裹在能够唤起情感的情境中。""当人处于'心流'状态，就会产生进一步学习的热情和锻炼某项技能的积极性，学习者能够沉浸在吸引他们的内容材料中，没有什么能够阻止他们。在这个时刻，思维和情感合而为一。"学习必然走向深度学习，学习在迁移和递归中点亮心中一盏又一盏明灯，成为终身学习的不竭动力。所以，培养提升好学生的"表现能力和艺术水平"，对提高学生的自信心、成就感、价值感以及持久推动学生自我教育、自我超越的功效巨大而久远。

德国教育家斯普朗格说过，教育的核心是人格心灵的唤醒，教育的最终目的不是传授已有的东西，而是把人的创造力量激发出来，将人的生命感、价值感唤醒。有意或无意打击、挫伤学生的积极性都是不道德的，都是教学伦理所不允许的。

我们一定要保护好学生的心理安全以及自信、自尊，鼓励学生自我超越。首先让学生们心理舒适舒展，觉察到自己生活在一个信任、愉悦、泰然的环境氛围中，然后才能悦纳知识、师生、万物，重新构建知识、思想和自我。

老师们会经常遇到"突发事件"，如想通过提问了解某个或某类学生对知识、技能的掌握和运用情况，然而突然有其他学生在强烈表现欲的支配下说出了答案，老师面临新问题情境下的"选择"——要么按着自己预设的教学思路和程序进行，消弭"杂音"而不顾学生的创造和表现；要么调整思路，重新确定路径，老师退到"后台"，发挥"组织者""引导者""评估者"的角色功能，鼓励学生大胆说出答案的理由以及自己的思路，实现同伴互助。

无论如何，怎样保护好学生的自尊心是老师一辈子都要思考的问题。这是体现一位老师教育智慧的关键所在，也是能否将学生及时推向新的轨道的重要时刻。一位老师的教育智慧是促进学生全面发展、健康快乐成长的精神力量！抓住了"转机"，促成转向、转化、转换，就是捕捉到了教育时机，体现了教育智慧。进一步来说，任何事物发展过程中都存在"熵"和不确定性，否极泰来，如果细心发现每一个人的"重大事件"，诸如家庭变故、突发事件、发现自己、青春期、情感问题、积极表现、创造发明、第一次、欺凌、说谎、秘密等，并在此育化，及时帮助人实现转化、转向，这就是高明教育智慧。

教育机智

任何人和事物都是在时空中存在或构建意义的,尤其是智慧的教育必须是对教育时机地精准把握和推演,那么,教育机智的义理和意蕴是什么呢?

古代文献对于"时"的概念有详细说明。《管子·山权数》:"时者,所以记岁也。"《淮南子·天文》:"四时者,天之吏也;日月者,天之使也;星辰者,天之期也。"为什么呢?段玉裁《说文解字注》:"《释诂》曰:'时,是也。'此时之本义。言时则无有不是者也。"《说文解字》:"是,直也,从曰、正",段注:"以日为正则曰是",《尔雅·释言》:"是,则也。"由此可见,太阳的运动态到了直射时,故而是中午或夏至最热之时,便成了由感受描述演变成了"这个时间标识",以"天时""天道"为符号的抽象时间便诞生了。

人对自然环境的依赖与和谐互动以及互相浸润就是无法逃离的"是"("以日为正")关系,即依道而行、依时而作的"时中"关系。正如有学者归纳"四书"中"时"的三层含义:应当之时刻、不同情境下要采取不同方法手段的临时、变化不息。"时中"也有三层含义:一是作为道德选择、评价等道德标准;二是作为道德方法,"随时以处中";三是作为至高的道德理想[1]。

由此可见,时间是从运动中体现秩序和结构的,人被这个秩序和结构绑定且是其中最具自变、自迁、自化力量的一部分,是一种境域(包括原发境域)

和终极价值的追求。

在自然季节更替中的现象生活中，人们除了观察到的自然景观的变化之外，随着早期农业的产生，人随季节变化而不同行为范式的"人时"概念（即农时，早期历法）诞生了。

《尚书·尧典》："乃命羲和，钦若昊天，历象日月星辰，敬授人时。"人在作为"天道"的"四时"中"日出而作，日落而息"，依时而耕作、饮食、起居、群居，人在天下，不是仆俑于天下，而是天人感应。董仲舒认为这是"同类相感"："美事召美类，恶事召恶类。"[2]朱熹认为："天即人，人即天。人之始生，得于天也，既生此人，则天又在人矣。"[3]《周易·系辞》："天地之大德曰生。"人之大德何尝不是为了"自生和他生"呢？荀子认为："君者何也？曰：能群也。能群者何也？曰：善生养人者。……善生养人者，人亲之。"[4]《中庸二十章》："诚者，天之道也；诚之者，人之道也。"北京师范大学于述胜将其解释为："这一表述也可以换成：'明者，天之道也；明之者，人之道也。'合而言之，便是：'诚明者，天之道也；诚之明者，人之道也。'翻译成今语即：（因为）诚明乃天命自然之性，（故）实现诚明乃人生当然之事。"[5]天祐德，人敬天道；天之威乃礼之威；天之厚乃人之厚；天不德则革命。

"天行健，君子以自强不息"说明天与人是生命的共同体。敬天、"奉时"、"趋时"表明人的理性力量觉醒，是人文指向的以人为本的"源头"。人道的"奉时"前提是"知时"，"知时"的前提是"观时"。"观时"之道无非"执有""体无""解空"。本文主要是就"执有"而言的。"观时执有"之后是"知时"（把握时机）、"奉时"（敬畏关键时刻），然后是"待时而动"，最后是人事预知结果的"叹卦之时"，即大宇宙时间。《周易》："夫大人者，与天地合其德，与日月合其明，与四时合其序，与鬼神合其吉凶，先天而天弗违，后天而奉天时。"自然律动与个体生命彼此呼应和消长，个体所处之"大时间"与"社会人生之时"的"巧遇"，主体把握"时中"，"奉天时"并趋时而动，方可成就人事、功、业。

依变而变、"赞天地之化育"是中国文化的最高智慧之一。天命之所以是"命"，是因为永远处于"流布"状态，自然赋予人生存的自由维度。有人将天、地、人、时合一的"场"，称为具有强大动能的"时质"。从这个角度来审视，"时"是生命打开的那一刻、是悟道的机门，是灵魂转向的切点，是互相感应产生心流的瞬间。孟子曾说:"孔子,圣之时者也。"[6]赵岐注:"孔子时行则行,时止则止。"[7]当然,在这里体现为自然之时、生命之时与实践之时的结合,因时而动、自诚明善,推轮捧毂、随处成就是机智!《中庸二十一章》:"自诚明,谓之性;自明诚,谓之教。"于述胜释为:"身诚善明,(我子思)把它归于天赋性能的范畴;明善诚身,(我子思)把它归于修道之教的范畴。"[8]无论是"身诚善明"还是"明善诚身",都是在天人"会通之际"的自我发现和发现"他者",只有将"他者"作为"他者",才可能是真正平等意义上的由"临门一脚"开启的"对话",是"此在",也是"绵延"。

虽然海德格尔对"此在"有独特的用法,但是对人而言,人生中仅仅是作为独一无二的"这一个"的生存状态,他或她从历史中走来,有其生物学、文化学、认知、情感的禀赋,在与环境交换中生存发展,最终还要死去。可以说"此在"就是表示人的具体的、个体的、感性的生存现实的本体论概念。它本身就是感性存在、生活存在、有限存在,与人的内心体验紧密相关,是一种特定的内在时间体验。这是反柏拉图的。海德格尔将"时间"理解成终极实在的"视域"[9],而非线性的无限序列。而胡塞尔通过分析内时间意识,认为"现在"在"过去和未来的视域"中构建和维持。当然,时间有自己的结构和境脉的,这是思想和意识作用的结果。海德格尔的时间观基于个人生命经验,认为只有通过时间境域才能"遭遇",所以瞄准人的生死而思想穿越,于是,必然结论是"向死而生"。生死都是有意蕴的"时"的数据、能在意义和境域事件。

海德格尔的思想,正如张祥龙所指出的:"海德格尔思想的独特之处,就在于它既深入了时间境域的思路,又没有失落掉理性的终极追求。他敏锐地追寻着这境遇的存在论解释学的意义,将它调准到了人的生存体验能够直接听到并领会的'波长'上。在那里,人听到的既不是绝对主义的单音,也不是相对主义的杂音,而是令人出神的时境本身的悠长乐音和钟鸣。这境音传达着天地与良知相共鸣的消息。因此,人的领会总走在对现存者的把握之先,而牵引着这些把握;总在他的根底处对于世界和人生的处境有了一种惚恍但又包含真相的理解。"[10]

亨利·柏格森是基于"生命之流就是实在,精神是生命之流向上的冲力,而物质是生命之流向下的沉降和凝固"的认识而提出"绵延"的,是从个体生命"绵延"推广到世界的"绵延",借助心理的力量实现人的生命自由。在亨利·柏格森看来，首要的任务就是对传统时空的批判。康德认为："纯一的时间作为一种媒介，意识状态在其中构成无连续性的系列。这样的时间不过是空间而已，纯绵延是另外一种东西。"他针对此质疑道："当我们谈论时间的时候，我们一般的想着一个纯一的媒介；而在这个媒介里，我们的意识被并排量列，如同在空间一样，以便构成一个无连续性的众多体。按照这样解释的时间对于我们许许多多心理状态的关系跟强度对于某些心理状态的关系，难道不是同样的吗？即难道时间不是一个记号、一种象征，又绝对跟真正绵延不绝一样吗？"[11]

世界是复杂的，由于"熵"的作用，事物总处于"无序"的状态，普遍存在系统"涌现"，即一个系统中个体间预设的简单互动行为所造就的无法预知的复杂样态的现象。约翰·霍兰德认为："在复杂的自适应系统中，'涌现'现象俯拾皆是：蚂蚁社群、神经网络、免疫系统、互联网乃至世界经济等。但凡一个过程的整体的行为远比构成它的部分复杂，皆可称为'涌现'。"[12]涌现态与老子的"惚恍"态宏旨暗合。

老子曾说："道之为物，惟恍惟惚。惚兮恍兮，其中有象；恍兮惚兮，其中有物；窈兮冥兮，其中有精。"[13]初看起来是"混沌""窈冥"，但"混沌""窈冥"中"有物""有精"。张祥龙认为："这惚恍却定要冲和成象，因而被表现为机缘，即时机的成熟开显，但又绝不熟显到可据而有之的地步。"他引用《周易正义》、张载《正蒙·坤化》、《易·系辞》中对"隐形大象""几"的论述后指出："这几，就意味着原发的时机或天机，整部《易》的卦、爻充满了时机（"时成""时乘""时发"）的含义；知几得时则'神乎'，用兵、治国、修身，无往而不利。"[14]"知几得时、瞬间生成意义"，教育又何尝不是这样？尽管未来的教育面对巨大的不确定性（法国思想家埃德加·莫兰对此有深刻的论述，详见其《复杂性理论与教育问题》），但是教育几乎天天、时时刻刻面对并挑战人的发展的不确定性。教育机智正是应对人的发展的不确定性挑战的战略能力。

"趋时而变"在于风云际会的"瞬间"。陆机曾说："观古今于须臾，抚四海于一瞬。"[15]唐代韦承庆曾说："萌一绪而千变，兆片机而万触。……转息而延缘万古，回瞬而周流八区。"[16]宋代吴则礼也说："万古才一瞬，天地真蓬庐。逸兴殊未已，恨彼白日徂。讵觉厌尘滓，倘佯方自娱。"[17]瞬间是天人感应会通之际，是喷薄点，是涌现，是打开思维天窗之时，是巅峰体验，是沉浸状态；是一发而不可收拾，是在此的从此，是激活、激发状态，是时间流中的回忆中的期待、期待中的回忆，是突破点的"思接千载，视通万里"[18]。

心理激活是指通过提高动机水平或唤醒水平以获得最佳操作的方法或过程，如自我暗示、想象、目标设置、改变呼吸节律、身体活动、集中注意于当前的比赛任务、声音和音乐刺激、大声喊叫、他人语言激励、设置标语板等。

狄尔泰认为生命是神秘莫测的"谜"，要破解这个谜，就必须深入到生命流中去体验，体验常常可能仅仅持续一刹那、一瞬间，与观画、观景、观物时的"重要一瞥"具有同样重要的意义。这一瞬间却意味着作为时间上的连续体的生命流正在生成。每一个瞬间都包含着时间的三位特性——过去、现在和未来在此相互生成："具体时间在于那不间断的现在的进程。现在永远在生成过去，未来永远在生成现在，现在是与实在关联的时间上的瞬间的充满；这就是体验……尽管体验的内容在不停地改变，但这种实在的充满是作为时间的进程连续不断地和始终不渝地持续下来的。"[19]由此可见，"现在、当下"是整个生命流中的一瞬间，人的一生可能是由重要的、有意义的几个一瞬间的体验价值意义组成的。"现在"不仅意味着正在体验的"现在"，还同时意味着"回忆中的期待"与"期待中的回忆"会通，生命的每一瞬间都由这三位特性构成。生命的这种时间，实际上已不等于物理时间，而是我们体验中的内在心理时间。

兴，正是在特定的"某时"的"居间引发"，是由此及彼、从境脉中生发出来的过去、现在和未来的经验的交会、碰撞、引发、投射、叠加和融通的意义丰盈、充足起来的状态，具有偶发性、奇异性、关联性、体验性和比附性等特征。"兴"的甲骨文字形为抬起。《说文解字》对此有解释："兴，起也。"刘勰《文心雕龙·比兴》提到："观夫兴之托谕，婉而成章，称名也小，取类也大。"《易·系辞下》中说："其称名也小，其取类也大。"东晋韩康伯注释为："托象以明义，因小以喻大。"关于"名"，东汉刘熙《释名序》有言："熙以为，自古造化制器立象，有物以来，迄于近代，或典礼所制，或出了自民庶，名号雅俗，各方名殊……夫名之于实，各有义类。"关于"象"，张祥龙《从现象学到孔夫子》中"再发现"为："至极有几、居间引发、时机化、直接可理解。"并指出："要能在芸芸'现象'中看出纯象，非追究到意义的尽头不可。它是让已成定局的死棋又活起来的眼，是总在边缘处滴下晶莹雪水的源头。"据此,刘良华、刘铁芳等人提出"兴发教育"新理念,内容涵盖"情感教育、思维教育和体验教育"。可以说,从"名"到"类"是扩展、延伸,由实及虚,走向整体;"托象"是直观形象思维,"因小以喻大"是象征思维。整体思维和形象思维正是中国文人思维的典型特征。《中庸二十七章》:"国有道,其言足以兴;国无道,其默足以容。"于述胜引《说文》之义而解释为:"兴化致治、四方风动。"先言他物以引起所咏之辞。兴会、勃发、兴化。《颜氏家训·文章》中提道:"标举兴会,发引性灵。"情动于中而发乎外,需要当下瞬间的"逸兴遄飞"。

"逸兴遄飞"既是丰富的连接、联想、想象,是茎块状,又是强烈的"巅峰状态"(马斯洛称之为"高峰体验"),蕴含着巨大的教育意趣和价值。

学校是体验美好事物和证明自我力量的花园。对"巅峰状态"的体验意义非凡,让每个学生发现、表达自己的"巅峰状态"是重要得不能再重要的教育时机。只要胜利一个接着一个,"高峰体验"也必然是一个接着一个,无论是群体还是个人的,几乎涵盖人的所有生活、思想、精神领域。马斯洛的人本主义心理学指出:"几乎在任何情况下,只要人们臻于完善,实现希望,达到满足,诸事顺心,便可随时产生高峰体验。"马斯洛认为高峰体验是人对自身终极存在价值的瞬间领悟和享受,他在《关于高峰体验的几点体会》中说:"这种体验可能是瞬间产生的压倒一切的敬畏情绪,也可能是稍纵即逝的极强烈的幸福感,或甚至是欣喜若狂、如痴如醉、销魂落魄的感觉。"马斯洛觉得人"此时此刻"比任何其他时候更聪明、更敏感、更有才智、更强有力、更完美,感受到了狂喜、沉醉、痴迷的情感状态,获得了解放、成功、胜利、占有、自由等,证明了自我的力量。它可以摆脱过去、现在和未来的三位分割,仿佛永恒。这是一种强烈的自我肯定、自我陶醉、自我崇拜、自我超越。这是情感教育的重要内容,也是学校及时推动学生更大发展的自我庆祝文化的重要文化管理与领导的策略。当然,每位学生及其相关者除了体验、表达、分享、庆祝其"巅峰状态"之外,还要以情感课程为门径,指导、引领、孕育、孵化"高峰体验"的方式、方法,正如《学记》中所说:"不兴其艺,不能乐学。"更为重要的是他们获得了对感受的"感受",呈现出来一种特别的情绪扩张。美国心理学家安东尼奥·R.达马西奥在其《感受发生的一切 意识产生中的身体和情绪》中指出:"对感受的'感受',通过促使有机体制定出各种新颖的和特异的适应性反应的计划，而扩展了情绪的范围。"这是一个指数增值的良好反应，特别有利于自信力、自尊水平、把控感、自我效能等的提升。

在"时中"沉潜、沉静、沉迷思考是当代后工业化竞争、功利、效率社会最稀缺资源，也是教育之殇！课堂上思考、分享、表达时间少，老师讲的多；课外阅读、讨论时间少，课外作业多；考试刷题多，沉迷思考时间少；碎片化的屏读多，咀英品味的纸读机会少，等等。荀子《解蔽》："凡人之患，蔽于一曲，而闇于大理。治则复经，两疑则惑矣。天下无二道，圣人无两心。""人何以知道？曰：心。心何以知？曰：虚壹而静。……未得道而求道者，谓之虚壹而静。作之：则将须道者之虚则人，将事道者之壹则尽，尽将思道者静则察。知道察，知道行，体道者也。虚壹而静，谓之大清明。"古罗马哲学家普鲁塔克在《论饶舌》中认为，饶舌是人在开始学习哲学时必须治愈的第一个恶习。接受真正贵族的和伟大教育的孩子，首先学会保持缄默，随后，他们只是学习说话。经济学家迈克尔·诺瓦克认为"清晰的思考是一切道德义务的起点"，因为清晰思考的过程是明确问题本质的过程。法国思想家福柯更多强调"自我治理"，针对修身实践中进化合乎逻辑的听力时认为有三种手段：缄默、身体态度、意志承诺及激发和支持老师说话。他认为作为哲学修行永恒和最终目标的真话主体化的第一个要点是："一方面，关注一种哲学的意义，即，论断就是规范。另一方面，关心自己，即通过记住刚听到的话，人看到它被纳入聆听者的灵魂之中，并逐渐把自己塑造成了主体。聆听者的灵魂必须自我监视。他通过恰当地关注他所听到的话，注意到他所听到的有关意义的话。而且，他还注意到自己，以便这个真实的东西通过他的聆听和记忆，逐渐成为他自身拥有的话语。"福柯认为主体的治理包括外在的对身体的治理和内在思想的完善。

可见，给学生"时中"的沉静、吟诵（养气在吟哦）、冥想、沉思、专注（虚壹而静）的"时间"是教育智慧中最大的智慧，更是培养智者的最大教育机智：在沉思中开悟，实现灵魂的转向。

胡塞尔宣称要"回到事物本身"。马克斯·范梅南《实践现象学：现象学研究与写作中意义给予的方法》中说道："现象关注在经验中生发的意义。……现象学如此令人着迷，是因为如果我们把平常经验从日常生存中拎出来，通过现象学的视角进行把握，那么任何平常经验都会变得非比寻常。如果我们对生活经验中某些时刻的意义保有惊奇，也许就会产生现象学问题。"从临济的"参启禅机"的教学故事来"拎"意义，即给学生情境和时间，通过问题引入、具身认知、形象说理、二次学习，使"身、心、道"合一，及时捕捉教育时机，将学生的认知平衡打破，直抵人心，"于内觉观"，"从根本修"（【唐】沙海：《顿悟入道要门论》），言传身教。临济的教育智慧高在能洞察人心及问题，教育时机捕捉得准。

抓住了"转机"，促成转向、转化、转换，就是捕捉到了教育时机，体现了教育智慧。任何事物发展过程中都存在"熵"和不确定性，如何发现每一个人的"重大事件"，诸如，家庭变故、发现自己、青春期、情感问题、创造发明、第一次、欺凌、说谎、秘密等，并"在此"育化，及时帮助人实现转化，这就是智慧。

《左传·庄公二十年》："哀乐失时，殃咎必至。""殃咎"就是危机，危机是个人或组织生命周期中的一种现实存在，但危机也是时机。化"危"为"机"需要眼光、能力、智慧和胸怀。哈贝马斯指出："当社会系统结构所能容许解决问题的可能性低于该系统继续生存所必需的限度时，就会产生危机。""危机不能脱离陷于危机之中的人的内心体会：面对客观的疾病，病人之所以感到无能为力，只因为他是一个陷于被动的主体，被暂时剥夺了作为一个完全能够控制自己的主体的可能性。因此，我们把危机与一种客观力量的概念联系起来，这种客观力量剥夺了一个主体的某些正常控制能力。我们把这个过程说成是危机，这样就赋予了该过程以一种规范的意义：危机的克服意味着陷入危机的主体获得解放。"所以，社会危机是社会教育非常重要的契机，若是丧失了危机教育，社会系统会在调整秩序和结构中丧失掉系统和机制的"自壮能力"，社会在被各种力量撕扯、撕裂，国家认同、爱国主义、奉献精神、团结精神、合作精神是借助权力来"黏合"危机裂痕，维护社会稳定发展的，反过来又强化权力的合法性和合理性的。

德国教育家博尔诺夫认为："人只有通过危机——基本上没有其他途径——只有通过这种最大的威胁才能获得真正的自我，亦即获得一个稳定的、不受任何影响的、对自己负责任的状态。只有这样，人才能成为真正合乎道德的人。……任何人除了坚定的度过困扰人的危机以外就不能获得内在的独立性。只有在危机中或经历过危机，我们才能成熟起来。""这就是说，我们可以把危机理解为开创新起点的机会。危机越严重，度过危机的决心越大，危机后的一种重新开始的清新感就越酣畅。"安邦定国和人的生存之道就是"安而不忘危、治而不忘乱、存而不忘亡"。

教育者一定要让处在危机中的人们了解危机的本质，帮助他们正视并顺利渡过危机，绝不能将自己视为社会的拯救者和先知先觉者而嘲笑群众的落后甚至坑蒙拐骗群众。马克斯韦伯说："一个国家的落后，首先是精英的落后，精英落后的标志，就是嘲笑民众的落后。"社会危机是社会教育的重要契机，也是教育的目标和内容。

最切实的社会教育就是要利用好这些闪光灯记忆来实施的，有时候，我们却患有麻木病，叫麻木不仁。善于捕捉教育时机是教育智慧的体现！孔子反复讲"敏"，其意深远，一个人丧失了敏感、敏锐和时间意义，不但丧失了政治能力，而且丧失了君子人格力量。"君子食无求饱，居无求安，敏于事而慎于言，就有道而正焉，可谓好学也已。""君子欲讷于言而敏于行。"这说明了什么？遇事反应快、做事贵在行动，都说明我们的认知和行为必须是一致的，即知行合一。孔子说："仁远乎哉？我欲仁，斯仁至矣。""麻木"本指麻痹病，肌体的麻痹倒在其次，灵魂的麻痹意味着脑中无人、无事。这样的人要么是传声筒，尚算不上是好的"应声虫"；要么是自私自保，缺乏担当和使命，习惯于迟钝木讷，丧失了起码的判断敏感性。古人言，居安思危。居安而不思，何以为民？麻木不仁新解就是思想麻痹，心中不爱全体人民。

《献给赫伦尼》中说道："因为大脑倾向于受到新奇而又非凡之物的刺激，如果看到或听到特别卑鄙的、无耻、异常、伟大、难以置信或荒谬可笑的事物，我们则很可能会将其长久记住。"不能让这些"灰犀牛""黑天鹅"轻易跑过去，而培养学生的社会责任感离不开"苦难"或"灾难"，光靠灌输"伟大""崇高"还不行，左右手都要硬。亲子矛盾、家庭冲突、学习不适应、学习困境、自我怀疑、情感无助、打架斗殴等，都是情境化的社会建构学习，面对这些危机，应该化"危"为"机"。危机毕竟是一次切身体验、情绪管理、经验获取、严谨思维和艰难决策。美国学者史蒂芬·芬克在1986年出版的《危机管理：未雨绸缪》中指出："危机即转折。"美国学者赫里奥·弗莱德·加西亚认为理解危机是有效进行危机管理的关键，管理危机就是对自己的"选择"进行管理。中国古人认为"两害相权取其轻"，不是正是教育功能在情境体验中得到最大发挥的良机吗？

危机教育不能缺！危机教育必须要在危机体验中思考和决策，才能提高应对危机的能力。社会中存在诸多"黑天鹅""灰犀牛"事件，教育就是培育人应对挑战的预知、干预、解决、转换等能力和思想原则的，所以，不失时机地从冲突谈判、妥协机制、校园欺凌、环境危机、社会事件危机、自然灾害危机、传染病防控、中小学生领导力建设等方面贯穿始终，使人从容应对危机、转化危机和解决危机，并在解决危机中获得内在的独立性和战胜危机的自我力量的作用，由此成为一种精神品质和境界。中国国防部原新闻发言人、新闻局局长杨宇军所说的"宁可备而不用，不可用而不备"就是这样一种境界。

美国学者赫里奥·弗莱德·加西亚在其《从危到机：危机中的决策之痛与领导之术》中列举了危机处理的10个易犯的错误：①对问题不重视。②否认问题严重性。③切割责任、有限负责。④公开误导性、真假参半的消息。⑤说谎和欺骗。⑥公开部分信息，让坏消息自己疏散。⑦推卸责任、埋怨别人。⑧过度坦白、过度忏悔。⑨恐慌、瘫痪、不作为。⑩攻击上报问题者的动机与不准确。解决这些错误本身就是在恰当的时间里以恰当的身份、方法来成功地学习。

什么是教育时机？就是智慧地解决在学习、思考的过程中不断、突然呈现出来问题，比如恶作剧、教室里飞进了麻雀、哭闹、踩踏等的时机，包括教学机智。加拿大学者马克斯·范梅南说："教育学理解是一种敏感的聆听和观察，是反思和行动。""教育机制主要体现在与孩子们相处时的关心取向上，可以表现为克制、对孩子的经历坦诚以待、尊重孩子的主体性、潜移默化的影响、在情境中充满自信，还可以表现为一种临场的天赋。"

丧失了教育机智，教育只能是技术规训而已。

注释：

【1】李伟哲：《儒家"四书"中的"时中"智慧——基于伦理学角度的分析》

【2】董仲舒：《春秋繁露义证》

【3】朱熹：《朱子语类》卷十七

【4】荀子：《君道》

【5，8】于述胜：《〈中庸〉通解》

【6】孟子：《万章》

【7】赵岐　孙奭：《孟子注疏》

【9】［德］海德格尔：《存在与时间》

【10，14】张祥龙：《从现象学到孔夫子》

【11】［法］亨利·柏格森：《时间与自由意志》

【12】［美］约翰·霍兰德：《涌现：从混沌到秩序》

【13】老子：《老子》二十一章

【15】陆机：《文赋》

【16】韦承庆：《灵台赋》

【17】吴则礼：《简鲍钦止》

【18】刘勰：《文心雕龙》

【19】［德］狄尔泰：《狄尔泰文集》卷三

教育即是唤醒

马克思主义认为,"人的解放"就是人认识到自己的独立自主,从而挺身站立起来,获得属于自己的独立自主权力,进入自由发展、自我创造、实现自我的过程,使人成为全面占有自己的本质的、自由的、完整的人和全面发展的人。印度学者克里希那穆提指出,传统的教育使人心灵迟滞。"教育的真正意义是自我了解,因为整个生活汇聚于我们每个人的身心。"教育首先是个体的自我觉醒和主动地追求真善美,实现自我超越,达到自我完善。那么,如何"唤醒"学生,让学生充分认识到自己的力量并依靠自身的发展来推动自身的发展呢?

马尔茨的惊人成功阐明了控制论的吸引力。当读到维纳的《控制论》时,他产生了一种对事物真谛的顿悟。马尔茨解释,任何一位优秀的整形医生,也必须是一名心理学家,不管他或者她是否愿意。整形手术不仅可以改变男性的外貌或女性的身材,还可以改变一个人的未来、行为、性格,有时甚至是其基本技能和才华。改变某个人鼻子的形状必然会影响这个人"内在的自我",正如马尔茨所看到的那样。这位医生意识到,他的工作附加了一种"令人敬畏的责任"。承担这项责任即意味着理解人们的自我,以及理解身体如何与个人内在的自我进行交互。因此,受到闭环反馈和自动化这些新科学的启发,马尔茨将身体看作是一台储藏着人的思维的机器。通过手术来改变机器，他将同时改变人的思维。

由此可见，如何通过外在的教育的策略、途径、手段、方式方法"深刻影响"学生对"内在自我"的认知，让他们在与老师的互动中"理解自我"，是重中之重的关键性问题。它通过"唤醒沉睡的成长欲望和自信""促进成长型思维的变化"来"改变自我"。从这个意义上讲，老师首先应该像催眠大师一样地工作，而后又才是一位合格的老师，即如"优秀的整形医生"那样，通过外在的"手术"，"改变一个人的未来、行为、性格，有时甚至是其基本技能和才华"。特别是要唤醒学生的良知和激活内在的智慧，使他们觉得自己是"这一个"，拥有价值感，内心强大起来，为自己真正成为一个健康成长的人而感到骄傲和骄傲。

从教育实践和未来教育的发展趋势来看，建立"人类共同体"是必然的，教育中的各种"共同体"实际上早已存在和发展，因为任何良性的发展都是基于"合作"的，而非单纯的"竞争"的零和游戏。当下，在信息化、智能化时代，唤醒学生的实质性问题是让学生"参与其中"进行"意义的社会性协商"，"像老师一样地工作"并促进学生"分布式专业能力"的成长。乔纳森和兰德指出："如果共同体希望有一个共同的文化传统，可以进行再生产这一特性是根本性的，它使新手进入共同体中心并拓展共同体。这是在所有实践共同体中不断发生的过程。让我们考虑一下学术界的经验：学生做老师的学徒，在他们的手下工作。但是，学生倾向于保持学徒身份，通过老师的眼光去看待世界，总是做一个边缘性参与者。最终，当他们自己必须去教别人时，当他们自己必须发挥'老手'的作用时，他们进入了一个学习的新层次，开始拓展对自己作为其组成部分的共同体的思考。他们在研究和教学过程中指导新成员，他们继续学习这个过程，并且可能更重要的是，他们越来越自信于对共同体的贡献，越来越自信于在共同体中的'自我'的感觉。在这个过程中，他们对意义进行协商并使之物化，通过这种循环，一个实践共同体和组成该共同体的成员进行了再生产并界定自我。这个再生产循环也界定了学习。换句话说，与这个循环相互界定的社会结构和物理结构定义了学习的可能性和什么是合法参与。"

需要警觉和保持敏感的是：人们越是在"集体"中存在，保持个人的独立就显得越重要。这不但因为社会的宏大叙事下可以以淹没了人的主体性功能为代价，而且因为权威的一统的思想可能完全会制约思想多元和文化价值多样性的生命力。教育既要保持人的个性化又要促进人的社会化。在这里，保持一种"张力"和"平衡"是至关重要的。所以，教育既要唤醒学生在学习过程中发现和创造及要有独立思想和见解的"意识"，又要唤醒学生合作探究、共享与分享的"精神"。

谈"教训"

在教育实践中，虽然必要的、恰当的、及时的教育训诫是不可或缺的，赫尔巴特认为人有"烈性"，而且社会越来越走向强控制、透明监督和效率主义，规训成了普遍的政治权力。我们常常看到学生"被教训"的种种现象。但是，是不是所有的"被教训"都充满教育智慧，能取得预期效果的呢？

具身认知理论认为，"在工作中，如果某位员工因项目失败，或因缺少联合领导能力而被教训的话，他的疼痛矩阵就会产生巨大的神经反应，这些反应会造成工作效率下降以及未来更糟的工作表现。一旦我们的社交警报系统被激活，我们就没有足够的脑力来有效地思考眼下的工作。"情绪与行为动机高度相关，大脑有自己的思考方式——按照舒适、愉悦、幸福的方向呈现出开放的状态。

"教训"的核心是通过说服、强制、威胁、重复灌输等强控制手段使人听信、服从、改变，但它决不是个好办法，说服一百遍不如激活一次。"教训"会引发人的心理防御和逃避甚至试图合理化的系统反应。一个表现是推卸责任，找其他人的问题或与他人不合理地比较，缓解压力；另一个表现就是持简单的否定态度，把特定的事情、体验及态度有意地从自己的意识中清洗掉，装作什么也没发生，甚至采取一种微妙的合理化手段，即用"充分的理由"来对事情做出解释，以排除那些令人痛苦不安的可能性；还有一个表现就是将不满发泄在更弱者的身上，教师受到不公正对待而批评不入眼的学生，不入眼的学生欺凌比他弱的同学，被欺凌的学生虐待动物，等等。

若是由"教训"的极端再进一步演变为持续性"体罚"就会更加糟糕。《放牛班的春天》里经常挨揍的"蒙丹"可谓是在不断地惩罚走向了教育的对立面，教训是沉痛的。美国教育学者韦克斯勒在工人阶级的中学进行了研究，他发现了与学生身份相关的"训练工具"。他说："一个学生告诉我们，这是一个恶性循环，因为一旦孩子们开始冲撞教师或课程，或任何什么东西，那么他们就会逃课或其他方式，然后教师会更加严厉地惩罚他们，这使得孩子们更加憎恨教师，这又使教师一次比一次更严厉地惩罚孩子们，很快，就会失去控制。这就是每天有两百人被责骂要进行转诊介绍的原因。"韦克斯勒（1992）指出："教师看管着学生群体，想象着使其成为什么人物。他们从他们历史的优势、从自己获得自信的抗争、在发展的训练工具之中来看待学生。"他引用了一个学生的话："那么，那是同样的。教师并不想教什么那些不想学习的孩子们，孩子们不想学习，因为他们不喜欢他们的教师。"

威胁度高的环境会阻碍个体严谨、专注性思维的发展，导致思维降挡、减速。美国学者凯恩夫妇指出："威胁会引起无助感、疲劳感等心理和生理反应。"思维降挡后，学生不可避免地退回到大脑的简单化功能，退而采取前期'程式化'的行为模式，换句话说，思维降挡可能会促进记忆，但却会干扰高阶思维、批判性思维和创造力的发展。"由此，感到身体的不适是一个方面，心情的低落、情绪的混乱、体验的痛苦更是严重困扰。最后导致工作效率下降或未来的表现更糟。

由此看来，当一个老师在课堂发现学生表现不佳、迟到或乱说话等，当众批评其一顿，再企图让学生去高效学习根本是不可能的。把学生的"缺点"或"问题"公之于众，让学生丧失自尊，本身就是不尊重人性的。好的教育就是善于发现人性的美好并促使人们主动彰显人性的本质力量的过程，所以说，好的老师会利用教育智慧化解问题，营建尊重的、亲密的、互动的和信任文化的高手。因为，为学生的学习建立一个支撑性的学习环境是必不可少的。

社会心理学认为，培养团队关系，会让队员们感觉彼此连接更紧密，从而激发更好的工作表现，当我们和他人感觉更亲近时，我们就会工作得更好。人是有感性、理性、智性、灵性、神性的社会动物，教育的一个很重要的任务就是实现人的社会化。人总是有"爱"与"被爱"的需要。建立亲密关系或亲近关系，使人感到温暖、安全、理解、尊重和信任，人的自信力会大大提高，表现会更加优秀，人的身体会及时调整，呈现出开放、扩张的姿势。美国学者艾米·卡迪和安迪·叶发现，"当人处于开放、扩张的姿势（也被称为有力姿势），他们的精神状态就会更好。因为有力姿势可以增加大脑和身体中循环的睾酮含量。睾酮是一种性激素，睾酮含量与自信、注意力、记忆相关，也与竞争性和冒险性相关。"由此可以理解一个跳远的男生为什么在一群女生的欢呼声中会跳得更远，学生在老师的会心微笑中为什么会表现得更好，等等。

美国学者罗兰·米勒和丹尼尔·铂尔曼指出："相互依赖理论的另一个重要假设是，满意度并不是唯一的，甚至也不是决定情侣关系持续与否的最主要的影响因素。无论我们是否乐意，我们都会用到第二个标准，即替代的比较水平，来确定我们在其他的情侣关系是否会更好。替代的比较水平是指如果我们抛弃目前的亲密关系，而转投可以选择的更好的伴侣和情境，所能得到的交往结果。"

可以确定的是：防止学生逃课和逃避甚至逃离的唯一现实手段就是给教育教学增加魅力，建立信任的磁性文化，塑造一种允许学生安全地冒险的环境和高度的心理安全机制，用老师的人格魅力、德才学识、教育智慧来"吸引"住学生，使学生发现并主动发展自己，而不是靠教训、惩罚、规训。

智慧的教育必须是经济的、鲜活的、增值的、愉悦的、符合人性的、道德的。

二 教育感悟篇

特殊的场所教育

有人说小学低年级学生总是去教职工的厕所，呼吁班主任加以制止。我认为这是一件好事，不必大惊小怪，更不必加以制止，关键在引导孩子的自我觉知健康发展。学生的举动表明他们知道自己已经有了内外之界，幼小的内心有了秘密。开始觉知自己的性别特征、身体特征与身份。

加拿大学者范南梅指出："当他们觉得自己与别人不同时，他们也就获得了一种自我认知。"教育就是要引导学生在纵横对比中发现自己，正确地发展自我概念，获得认知心流体验，记录并思考自己当下的状态，尤其是要引导学生知道自己是独特的"这一个"，没有第二个可以替代。唯有发现自己是独特的，才会引发兴奋，唤醒自信和经验的智慧，感受到自己最深刻、最活跃的生命状态，从而形成优良的个性品质。

在此基础上，通过引导、启发、规范，让孩子懂得文明礼仪、绿色环保、公共生活规则、卫生文明以及厕所文化。厕所是公共场所，必须是哲学的、规范的、秩序的且有群体认同的场所精神的。

场所精神来源于拉丁语。根据2008年世界古迹遗址理事会发布的《保护遗产地精神的魁北克宣言》的定义，场所精神是有形元素（建筑、场域、景观、物件、设施等）与无形元素（记忆、口头叙述、书面文字、仪式、庆典、礼仪、传统知识、价值、气味、颜色等）共同构成的具有自己独特的精神和特性的固定的定居空间。其核心是让人产生方向感和认同感。方向感是指明确自己与场所的关系的能力，意味着任何含义都可以体验成广泛时空秩序的组成部分，使人产生安全感；认同感意味着与"特殊环境为友"。方向感和认同感正是场所精神产生的与环境的、自身的互动构建，是经验体验课程的重要内容，这一类课程具有鲜明的地方性、个体性特征。正如诺伯格·舒尔茨所认为的，主要是通过人们在生活空间中的体验感受到不同类型的场所特征，从而理解场所的本质——人们在世界中居住下来，从并从中深刻而广泛地体会自身和世界的意义。这是人类普遍的自我管理和自身修养的体现。教育的重要任务就是促使学生社会化，使学生具有人类的普遍情感、思想、道德。

然而可悲的是，学生体验的声音是沉默的或被其他教学的声音淹没了的，我们无法及时了解学生的发出的各种声音、图像及其意义。要成为真正优秀的老师，就必须要去考察、表达、留意并不断地澄清自己和学生的声音，捕捉教育的时机，发挥教育的智慧，正确引领、启发学生健康成长发展，使他们成为独立思考、勇于行动、善于创造的主体的人，而不是进行粗糙的命令教育、简单禁止甚至严格规训，从而迫使学生形成接受式服从、下意识地行动以及等级身份观念，因为若是如此，从根本上讲这样的教育就不是有德性的教育。

学校组织还应该保证设备的适合性、安全性和实用性以及厕所文化的亲和力、多样性和儿童化的特点，达到隐形育人的目的。当然，小学低年段学生与幼儿园的幼儿又有很大的不同，在幼儿园老师帮助幼儿上卫生间的教育，并不在于教他们学会讲卫生，而更在于培养一种亲密感和心理的安全感，从而取得信任，优化师生关系。

通常情况下又该如何看待儿童发展呢？美国当代哲学家，儿童哲学的开创者及先锋人物加雷斯·B. 马修斯指出，"发展心理学家很自然地按生物模型来构想人类心理的发展模式，通常采用一个成熟的样本（成人）作为标准，再让未成熟的个体（儿童）照此发展。"缺乏从哲学的角度思考的成熟的标准，我们总是习惯于用成人的观点和思想"回头看"儿童，总觉得儿童是有缺陷的、空白的、无知的"小人"，而缺乏"小大人"的概念，或者没有想过将儿童视为与成人平等的发展中的人。由此，我们不是主动激发孩子在自我概念发展中"向前看"，靠自己的身体力量和智慧水平努力做自己的事，体验与分享过程，

二 教育感悟篇

而是要么包办代替，要么简单粗糙地下命令，要么不管不问，从而延误或扭曲了儿童认知的健康发展。这需要我们从根本上改善思维认知，积极帮助孩子自主觉醒、自我判断、身体力行，智慧地促进自我概念的健康发展。这是家庭的任务，也是学校的任务，更是社会的任务！

厕所是重要的教育场域

在全国强力推进"生命化教育"的著名学者张文质一次当着我的面说,厕所都搞不好,学校管理也好不到哪里去。他的话没有错,厕所彰显出的是人的素质和文明进步程度,隐含着对教育的认识及教育功能的发挥。我特别看过武汉三角中学的厕所小贴士文化和德国的厕所设计、设施,得到不少的启示。

二〇一二年,我们在学校新的综合大楼建成之后,将学校所有的厕所进行了改造和重建,其标准是美观、清洁、节约、智能、生态、文化、人性和教育性。厕所里有学生会征集到的摄影作品、小贴士、心愿贴、绘画、盆景,可惜缺乏资金,厕所设施色彩单一,缺少了轻音乐和书籍。我们认为厕所是重要的教育场域,厕所文化是学校文化的组成部分,更是培养学生生活习惯、过文明生活的资源。世界上没有什么垃圾,垃圾是放错了位置的资源。厕所是进行生态环保、绿色发展教育的重要场合。教育就是符合人性、使人舒心并促进人主动追求真善美的过程,是对人的生命的温暖关照。如何对待厕所其实就是如何对待人自己。老旧水冲式厕所设施都是手扳式阀门,学生要么不冲洗,要么用脚踢或踏。后来全部改成了感应式的,农村来的新生一开始用盆在洗手,不会使用感应水龙头感应接水,没有几天大家都会使用了。当然,厕所的管理和评价非常重要,但如何将厕所资源变成学生研究性学习课题或卫生健康、绿色农业、战争文化、生态保护、垃圾分类、工程设计、男女平等、女权运动、供给水、智能化等由学生协同开发的课程是最为重要的。可惜时间短，这个"最为重要的"没有实现，是一个不小的遗憾。

"厕所革命"，对学校教育来说是一次革命性的提升，其意义是开创性的，对人的厕所教育观念是一次震荡甚至是颠覆。

从世界范围来看，2018年11月7日，亿万富翁慈善家比尔·盖茨参加了在北京举行的新世代厕所博览会，在会上比尔·盖茨用一罐粪便作为自己的演讲道具，其举动是为了吸引人们关注一个每年导致50多万人死亡的严重问题：恶劣的卫生条件。比尔·盖茨表示，厕所行业即将迎来一个大变革：到2030年，这个市场可能每年在全球创造60亿美元的收入，而微软已经就这个市场进行了前期的2亿美元的研发投入。其资助的比尔与梅林达·盖茨基金会（Bill & Melinda Gates Foundation）在7年多的时间里斥资2亿美元资助了卫生研究。他展示了大约20种新型厕所和污秽处理设计。

从全国范围来看，2018年9月20日，长沙市教育局发布《长沙市儿童友好型学校建设导则》，要求各学校开展"厕所革命"，建设数量充足、分布合理、卫生环保的公共卫生设施，开展文明如厕教育，为儿童提供方便、清洁、舒适、卫生的如厕环境。广州市要求各区政府、全市各有关单位要紧紧围绕净化、美化、文化、人性化、生态化、智能化、资源化等建设标准，大胆创新，不断引入新技术，攻坚克难，力争在建筑设计、设备选型、功能服务等方面取得新突破，圆满完成2018年"厕所革命"的计划任务。世界厕所日当天，陕西省西安市城市管理局举办以"厕所有标准，城市有温度"为主题的西安"世界厕所日"纪念大会。主会场活动由启动仪式和公益性宣传两部分组成。在纪念大会现场，活动主办者公开发布了"世界厕所日倡议书"，会后还发放了宣传资料，向市民群众介绍全市"厕所革命"开展成果，宣传厕所文化，并针对西安市开展的"厕所革命"工作相关问题为群众答疑解惑，增强人们如厕文明意识，传播厕所文化，提升城市文明程度，扩大西安影响力，助推"厕所革命"向纵深发展。

2018年8月杭州金都天长小学厕所改造升级工程终于完成，校长傅颂九迫不及待地在朋友圈晒出了一组新厕所的美照，马上收到了许多点赞。"花港观鱼""双峰插云""曲院风荷"……一厕一景，一景一韵，新改造的学生厕所还融合了杭州老底子文化"西湖十景"。孩子们的事儿再小都马虎不得,新厕所处处都藏着孩子们自己的智慧设计。

全国"厕所革命"如火如荼地开展,总的来说,就是革除不良生活习惯,提高人的生活品质,促进人的文明程度的,是对人的生命的关怀,这也是学校教育的重要任务。同时,学校教育还应该将厕所资源作为课题研究或者课程资源,培养学生主题学习、协同学习、合作研究的科学意识和能力,同时,通过厕所文化的创建、设计和传播,培养学生的审美、创造和人文精神。这是我的一点浅见。

二 教育感悟篇

由国际厕所日想到的

联合国大会设立的"世界厕所日"定在每年的 11 月 19 日:世界厕所日由世界厕所组织于 2001 年提出,并得到全世界的关注。全球目前仍有 25 亿人缺乏厕所等基本环境卫生服务,11 亿人随地大小便,对公共卫生构成严重威胁。2013 年 7 月 24 日,第六十七届联合国大会通过决议,决定将每年的 11 月 19 日设立为"世界厕所日",以推动安全饮用水和基本卫生设施的建设,倡导人人享有清洁、舒适及卫生的环境。

说起厕所,肯定是大事,无论是在巢居或穴居时期,还是群体定居之后。可以想象到当时的厕所利用的是低凹下去的自然地形,处理屎便的办法是自然风干法。考古、田野、人种、人体学等无法知道人的排泄物所带来的健康问题及其流行疾病导致的灾难性后果。

中国作为早期的文明国家,自然条件和生产能力决定了人们的生活方式。"厕"最早可能出现于战国,是建在房里主要活动空间旁边的,或是堆放垃圾用的,如《墨子》中"五十步一厕,与不同圂"提到的"厕",类似于如今北方的许多农家在大门口旁边盖用来装草烧炕的小房子。"圂",《玉篇》解释为"豕所居",《广释·释宫》解释为"厕",是厕所与猪圈合并的场所,我记得在 20 世纪 70 年代多是如此。

《周礼·天官》记载："宫人，掌王之六寝之修，为其井匽，除其不蠲（清洁），去其恶臭。"所谓"井匽"，便是厕坑。但是，一般家庭使用"毛厕"。到了汉代，已经开始男女分厕了。南方多使用桶，每天早上刷马桶是一道街景，甚至变成了一个包含了便溺、生育、婚嫁、人口崇拜的隐喻文化标志。

厕所一直与农耕文明、城市文明连接，也与疾病、卫生关系密切，更与如何对待自己相关。尽管人们意愿用粪尿来进行农业生产，粪便医用（中西方皆同），利用尿液制作皮革、化妆、甚至恩施，但造成的健康问题也是严峻的。厕所问题不仅是一个社会问题——因为作为家庭内是社会联系最紧密的地方，厕所既是隐秘又是开放的空间，这是一个身体哲学问题——即如何在日常家庭生活和公共生活中呈现自己。公私界限以及如何处理公私事务涉及伦理、文明、安全、法律、税收、生活品质等多方面。因此，庄子的道在"蝼蚁""稊稗""瓦甓""屎溺"中具有了崭新的意义。

据法国学者拉波特《屎的历史》介绍说，是瓦罗在《论类比》第二章告诉我们"茅厕"这个词来源于"清洗"，与文艺复兴时代的知识审美有关。据不完全统计，每个人平均每天排出750克粪便，这对于几十万部队，对于贸易聚会、体育盛事，对于学校、寺庙等都是挑战，何况对于一个巨大的城市来讲，如何处理粪便更是一个巨大的问题。早在1529年，法国的"香水"就不仅用来遮盖体味，还用在权贵的厕所中了，但巴黎就像一个巨大的厕所。于是，法国国王弗朗索瓦在1539年颁布敕令，要求人们不乱倒垃圾、不随地大小便，每个家庭必须建立厕所，所养的猪、狗、鸡等一律送到巴黎近郊饲养，否则没收上述物品并且进行体罚，但收效甚微。西方一直是通过上税来管理厕所的。于是，有了苏埃托尼乌斯《韦斯巴芗传》里的故事——"他儿子提图斯指责他对尿征税。他将他从这一刻税项中得到的第一笔钱放在鼻子下面，问他是否闻到臭味。提图斯回答说否。韦斯巴芗（罗马国王）说：'但他是从尿里来的'。"屎尿、厕所显示着政治权力和文明观。

过去是文明到哪里便是厕所到哪里，在未来，是厕所到哪里文明便到哪里。中国现代意义上的公厕是从西方传入的。

1863年，上海租界工部局设立专管公共卫生的粪秽股，并设专职卫生稽查员，管理粪便垃圾。随之上海租界，主要城区具有现代意义的公厕纷纷建立。一些居民集中的路段也建起了简易厕所与便池，卫生状况面貌一新。

中华人民共和国成立之后,厕所才迎来了崭新的篇章。从 20 世纪 50 年代开始,卫生问题就被上升到国家层面,讲卫生被视为爱国行为。针对流行病和地方病,在解决厕所的问题基础上提倡喝开水乃至有了保温瓶。改革开放之后,厕所成了一个国家文明的名片。中国的厕所问题严重影响到了国家形象,于是,借提高旅游服务质量开展厕所文明建设。桂林的"厕所革命"取得了巨大成绩。厕所问题不是小事,是城乡文明建设的重要方面,不但景区、城市要抓,农村也要抓,要把它作为乡村振兴战略的一项具体工作来推进,努力补齐这块影响群众生活品质的短板。

庄子说:"大人之教,若形之于影,声之于响。有问而应之,尽其所怀,为天下配。处乎无响,行乎无方。挈汝适复之挠挠,以游无端,出入无旁,与日无始。颂论形躯,合乎大同。大同而无己。无己,恶乎得有有。睹有者,昔之君子;睹无者,天地之友。"

教育无小事!对学校厕所进行改造和重建,其标准是美观、清洁、节约、智能、生态、文化、人性和教育性。

激 励

  教育不像爱尔维修所说的是万能的。面对人的复杂性、曲折性和反复性，教育有时候似乎是苍白的、乏力的。有一部分学生总是学业不佳、适应性不好，于是，慢慢地在一点一点的"挫折"中丧失自信，自卑感油然而生，产生迷茫的"无助感"。这对他们的心灵世界是极其危险的，小则影响学业、精神的进步，大则影响人一生的生活追求和价值取向。面对教育的困境，在教育语境下，激发学生的学习欲望就是首要任务了。

  在具体的实践中，我们要具体分析具体人的具体问题，特别要从心理情绪入手，哪怕一丝一毫的"变化"都不能放过，真正做学生的贴心人，了解学生，理解学生，包容学生，唤醒学生，激励学生，这是为师者的第一责任！我们可以通过提升课程内容来吸引学生，增强内在动机，使不同的学生有不同的学习任务，采用小步子策略，让学生可以在"一丁点"的进步中发现自己的力量，自己给自己一个有充足理由的切实的预期，实现内部激励；也可以通过与学生相关的重要人诸如同学、邻里、社区、家长、教师、名人的期望来实现外部激励，特别要利用好"人际关系和交往"的动态力量，通过信函、作文、贺卡、报告、茶会、聚餐、讨论、辩论、微信、阅读、作业、作品、创作、实践等广泛深入地潜在激励学生。当然，内部激励是根本性的、决定性的、持久性的，而外部激励是促进性的、孵化式的、辅助性的，但无论采取哪一种策略，激发学生的学习是我们的首要任务。

萨斯（Sass，1989）发现影响学生学习的关键因素是教师对课程材料和授课的热情，即教师掌握材料的相关性强、课程结构清晰、难易度适当、学习策略有效、教学方法多样化、师生关系和谐、案例使用恰当。据此，教师要在学科教学上要下足功夫，深刻理解经过教育学加工的学科的"学科逻辑""心理逻辑""教学逻辑"，切实地以学生为中心，根据学生的学习情况和需求进行"对话性实践"，不歧视、不抱怨、有爱心、有智慧地因材施教、循循善诱。唯有如此，教师才能洞悉"学科本质"，把握"学科素养"，展开"学科实践"，诱发学生真正的学习发生。教学是科学与艺术的统一，能否有效地激励学生，体现着教师的教育智慧水平。

霍布森（Hobson，2002）确认学习最积极的激励因素按照递减顺序依次是教师的积极态度和行为、课程结构的连贯、学生之前对材料的兴趣、课程内容的相关性、适当的绩效评价等；最消极的激励因素按照递减顺序依次是教师的消极态度和行为、混乱的课程结构、欠佳的学习环境、令人厌烦的或不相关的课程内容、学生之前对学习材料兴趣的缺失。

马克思说，没有动机的行为是不存在的。根据心理学原理，动机使人的行为带有目的性。当每天有两种或两种以上的动机模式一起应用于实践时，它们会起到较好的作用。行为主义者认为积极和消极的两种模式的加强都会有效地产生某种行为。惩罚是教育学生不要或不能做什么，而没有告诉学生应该怎么做，但教育的根本还在于考虑学生的真正的需求是什么。现在很多学校都是通过分数来激发学生的，似乎是学生的"硬通货"，认为"刺激—反应"理论是十分正确的，其实具体来说，长期研究的结果表明：尽管人是差异化的存在，但普遍追求公平、公正和平等，人为地制造"等级"只能令人反感。再说外在的激励若是"物质化"（即奖金），可能对从事重复性的计件制工作有作用，但对于追求内在价值的创造性工作意义不大或者有负面影响。教育教学是一项充满魅力和巨大变数的创造性工作，只有依靠发挥自身魅力强力吸引学生自主、自动、自强才是放之四海而皆准的真理。

观品教育

永远要让人光彩夺目

达比·刘易斯在莱康明学院将应用行为主义理论用在英国文学课程,她的秘诀与分数无关。每次开课时,学生极其厌恶这门课,学生因为经常挂科而产生恐惧,所以,在学期初,她激发学生思考一篇作品,参与课程讨论,分析作品。如果学生诚实、有贡献,就奖励0.25英镑,即一篇文章25便士。钱不算多,而且是次要的强化物(因为只有在交换时才有价值),但它却激发了学生的兴趣。这种奖励不是随意发放。首先不总是给做出第二次贡献的学生发放,而是诱惑一声不吭的学生先发言;其次,当积极的强化慢慢减弱时,选用其他的方法,或者只奖励成就最高的;第三,定期安排负加强,保证每个学生不落后;第四,准备一张10英镑,奖给在特殊场合表现好的学生。刘易斯的这种做法值得商榷,但是学生从中获得了自信和骄傲,对课程产生了浓厚的兴趣。

美国教学专家杰里·布洛菲在其《激励学生学习》一书中专门谈论了如何奖励学生和有效地表扬学生的问题,他指出:"教师面临的动机问题,主要是使学生持续不懈地努力学习,而不只是让他们保持对有兴趣的任务的内在动机。也就是说,激发学生的动机主要在于培养有意识的行为调节,而不是维持已有的内在动机。"他还指出:"有效奖励的关键在于支持学生的学习动机,不要让他们认为参与活动只是为了奖励。"

激励学生学习品质的提升是根本性的,学习品质对后续学习结果影响很大。大型纵向幼儿园项目研究的数据表明,学习品质可以显著预测儿童从幼儿园到初中、高中学业成就的提高率,也就是说学习品质越好、学业能力的提高就越快,这体现了学习品质所带来的累积发展循环效应,即学习品质为早期学业能力发展奠定基础,而学业能力的提高又影响到学习品质,这种相互影响使得学业能力的个体差异持续增大。教师要时刻关注并促进学生学习品质的提升。

只有我们开动自己,尽其所能地激励学生,才能使学生在自信中走向成熟,不断自我完善而臻于至善。

危机教育

　　由公共卫生事件引发的贯穿于家庭教育、学校教育和社会教育之中的价值观教育、危机管控（克服危机、识别真伪、达成共识）教育、劳动教育、情感教育、生命教育等，有的学校主动应对，形成课程；有的被动应付，让学生游离于社会事件之外，成为一个有距离的旁观者。由此，我想到孔子处在社会动荡之中，与学生子路探讨价值观教育的"成人之道"，颇有启示。

　　《论语·宪问》："子路问成人，子曰：'若臧武仲之知、公绰之不欲、卞庄子之勇、冉求之艺，文之以礼乐，亦可以为成人矣。'曰：'今之成人者何必然？见利思义，见危授命，久要不忘平生之言，亦可以为成人矣。'"

　　孔子面对子路的"勇有余而智不足"以及治国的领导者应然德性指出三点——智、不欲、勇、艺。这是一个标准，也是价值目标，是从历史的角度来讲的。智、艺符合人们对领导的期待之———"资才"期待，这是会干事、能干事的保障性能力条件和政治智慧,，孔子所说的"六艺"是课程体系，是知识体系、能力体系、价值体系；不欲，是不贪权位，人有多大的才能干多大的事；勇，不惧危险、勇于践仁显义。这是榜样教育的一部分。

　　当下如何成人？首先，把人放在"利"的当口，教人"思义"，要安贫乐道、取之有道甚至要有殉道精神。其次，人在危险、危难时刻，如何看待生命的存在形态及其价值，特别是英雄主义和死亡教育不可或缺，这是民族文化精神之魂。最后，人不能得健忘症，无论时间多久，不忘"平生之言"。无论如何艰难，都要不忘初心、使命、诺言，勇于践行，理想、信念和信仰教育是持续人一生的。在王阳明看来，从小学做圣人是天下第一等大事。

由此可知，价值观教育不仅要从历史的视角审视传统文化的精髓，立好目标，还要从当下的利益纷争、危机时刻和平生时间中教人选择和坚守；不仅要榜样教育、英雄教育，还要情境教育、主题教育。最为理想的形式是紧紧围绕价值观特别是社会主义核心价值观，通过系列活动和课程，使学生参与整个社会危机情境（真实或拟真实）中，扮演各种角色，进行探究学习、合作学习、主题学习和项目化活动学习，使价值观成为追求的目标，更成为行动的理由。

按照马扎诺的标准，价值观教育落实在课程实施中，应该有12个必不可少的环节。①学习目标，详细说明必须理解并能够应用的知识和技能。②内容，按标准要求所需的能力和技能。③精准教学，按学生高水平的认知复杂性促进学生高水平的自主学习。④教学策略，已经证实的、在课堂教学中教可能提高学业成就的。⑤教学方法，用于使学生掌握和深入理解知识和技能的方法。⑥监控，在具体实施策略是检查学生是否达成预期结果的行为。⑦支架，有针对性地提供支持，从而使认知复杂性和学生自主性达到进度目标。⑧拓展，将已经表现出预期结果的学生提升到更高理解水平的活动。⑨分类，详细描述认知表现水平的组织和分类系统，知识提取、理解、分析和知识应用。⑩形成性评价，持续监测学生的学习证据，包括正式和非正式的衡量学生成绩的手段。⑪表现量规，依照具体标准和相关标准，清晰反映知识和技能达到不同层次的连续量规。⑫专业学习共同体，不同年级层次和专业领域的教师队伍，应定期集合以建立学习目标和表现量规，并检查当前的教学实践和学生学习的情况，以提高学生成绩。

按照这样一个标准，凸显真实性和有效性就是价值观教育的本质要求。

成功教育的前提

成功教育的前提是让人的心灵愉悦地打开。无论是孔子的"不愤不启、不悱不发"式的充满仁爱、循循善诱，还是老子的上善若水、不言之教，其目的都是以"柔"的方式打开人坚硬的心灵，使人的心灵处于愉悦的打开状态，不管对文化要继承、转换还是整合。

柏拉图说，爱若斯"既不在大地上行走，也不在脑壳上行走——脑壳那并不是什么柔软的东西，而是在事物最软绵绵的东西上走，还寓居其中。……凡遇到性情坚硬的灵魂他就离去，遇到性情柔软的灵魂他才住下来。"根据柏拉图《会饮篇》，爱若斯有以下几个特点：①最为轻柔。爱人的人无论语言还是神态、气质、行为都表现得"轻柔"，只有这样，才能使人放弃戒备和防御，敞开心扉。②肤色鲜美。"凡花色鲜艳且芳香馥郁之处，他就会落脚并待下来。"外部形态美不美，不是本人所决定的，但心驻美色芳香是自我意识决定的。这正是佛教所谓的"心如鲜花，看人鲜花"，一切决定于我们的心境。③义且心甘情愿。正义是人的价值理由，是道义，也是道德准则。爱是传播正义，也是有原则的，来不得半点虚情假意，完全是出于人的诚心或本心的。④特别有节制。节制就是控制快乐和欲望，爱不是没有节制的快乐与施予或给予（溺爱滥宠），当然更不是人与人之间利益交换的代偿心理和情绪安慰。⑤最为勇敢。人性是复杂的，决定了社会总是相反相成、互相冲突又达到平衡；人与人之间的矛盾和纠纷总是制约着人的发展，所以，勇于任事、勇于探索就显得尤为重要。爱就是勇敢去担当和行动，而不是停留在语言上。老子说："信言不美，美言不信。"⑥自身最美且最好。只有自己真正拥有了最美且最好的东西和情感，才能"既能拿给别人又能教给别人"；只有最美且最好的东西和情感，才能使人感到温暖和幸福，才能打动人心。吸引比强迫要好一万倍。爱是吸引！⑦赞美得美。人性中最深刻的东西是要获得赞美。获得赞美就是获得尊重，活得尊重就有了尊严。赞美是一回事，赞美得美是另外一回事，但都是出于诚心赞美。爱离不开赞美，赞美会使爱更加富于力量。

孔子的诗教是"兴于诗，立于礼，成于乐"。《毛诗序》："情动于中而形于言，言之不足，故嗟叹之，嗟叹之不足，故永歌之，永歌之不足，不知手之舞之，足之蹈之也。"《礼记·乐记》："是故知声而不知音者，禽兽是也；知音而不知乐者，众庶是也。唯君子为能知乐。是故审声以知音，审音以知乐，审乐以知政，而治道备矣。是故不知声者不可与言音，不知音者不可与言乐。知乐则几于礼矣。礼乐皆得，谓之有德。德者得也。"乐是德教。音乐是打开人心、使人心舒展的最为恰当的方式之一，善为乐者善教育。古希腊是通过吟唱来悦神的，当然也是为了教育人的。

法国作家笔下的南风徐来，才能使人脱去衣服。中国把接受美好教育叫"如坐春风"或"醍醐灌顶"，总之，都是让人心如盛开的花朵，处于愉悦打开的状态。人与人的交往就是美好与美好的相遇，各美其美，美美与共，唯其如此，才能碰撞出智慧的火花，点燃思想的光芒。当年，德国思想家阿多诺每当兴致所至，一般是写作过程中脑子里想法涌动时，就到研究所2楼的助理办公室找哈贝马斯，和他进行思想碰撞。哈贝马斯说："只要和阿多诺在一起，思想就始终在澎湃激荡。"什么是好的教育？是人际交往中的巨大人力资本增值，是教学相长中互相的"兴发、启迪和激励"。唯其如此，相遇各方才心花怒放，才互相理解、互相包容、互相欣赏、互相接纳、互相支撑、共享共进。

魅力的教育无不如此！

期待决定结果

当你希望学生是什么,学生就会变成什么。

我曾反复地说:"请您给学生一个明确的方向和美好的期盼,这胜过您的千言万语。"我的观点是:"学生就是天使。"也曾经把所有学生的头像挂在我办公室的墙壁上,闲暇时间一一欣赏,发现他们的可爱之处,唤醒自己学生时代的美丽记忆,重温自己成长过程中的"重要事件"以及喜怒哀乐,由此产生同理心和对教育坚定的信仰。

无论是对人还是对自己都是一样的道理,关键在"自注、自照"和"高扬、欣赏他人",来自内在世界的力量是无穷的。把他人置于我们心灵的高处是我们的人性善良之所在,给他人一种潜在的力量,唤醒他人生命的期盼,成为他人发展的"脚手架"是我们德性之所在。孔子说:"己欲立而立人,己欲达而达人。""我欲仁,则仁至矣。"心理学家麦基认为:"一个人相信什么,他未来的人生就会靠近什么。你相信什么,才能看见什么。你看见什么,才能拥抱什么。你拥抱什么,才能成为什么。你所相信的,就是你的命运。"积极心理学认为,人的心智模式是影响人认知思考水平的,因为人是最容易接受暗示的。麦基说:"喜欢某个人或事物的时候,我们的心灵会让自己在现实中搜寻印证,然后再用这些似是而非的印证,来佐证自己的心理预期,最终形成一种'真是如此'心理定势。若是愤怒、仇恨或是怀疑时，我们又会不断寻找材料来强化自己的臆想，在偏执于愤怒、仇恨的情绪里，让暂时压抑的情绪感得以宣泄。"教育是带有强烈情感的社会交往生产关系互动或意义协商，离不开互相信任基础上的"教育角色的互换"和富有成效的、真实的"教学相长"的事件发生。

　　有证据证明，当教师能反思自己的教学或把自己的教育教学实践经验作为学习研究的对象时，当学生像教师教学时那样学习时或扮演教师的角色时，学生的学习效应会最大化，这就是深度学习。基于脑科学的学习必然注重自我调节中的监控、评价和行为结果测试，这是最基本的自我教育。充满信心与体验，有价值感地学习便是最好的内驱力！它必然会扩张思想领域，提升思维品质。我们原来倡导学生荐题、命题、讲题，教师把自己的课堂教学作为案例研究，就是基于促进学生学习效应最大化而进行的尝试。后来大胆让学生进行基于合作的问题探究和项目学习，效果显著。实践证明，师生有自信、有底气、有智慧地学习，对学生是最好的帮助和促进。我们还将在可见的教与学方面进行全面方面的尝试和实践，因只要是对学生的学习和健康成长是有利的，无论多么艰难，我们也要持之以恒地探索下去。特别是在人机交互的信息化、智能化时代，学习的思想观念、方式方法面临着前所未有的深刻变革，如何更经济、更有成效、更多价值地立德树人以及紧紧围绕核心素养促进人的全面发展是我们在新时代的新命题。

由"传，不习乎"说开去

《论语·学而》中曾子言说自己传播、讲习学问要不断反躬自问日常之所习。"习"有多种意义，最主要的有两个：反复练习、讲习。钱穆先生指出："素不讲习而传之，此亦不忠不信，然亦惟反己省察始知。人道本于人心，人心之尽与实以否，有他人所不能知，亦非他人所能强使之者，故必贵于有反己省察之功。"可见，教学是建立在研习基础上的"审慎"的、高度自觉的"返回自身"的活动，与教师的信仰、境界和人格力量密切相关。

教育是人与人之间的关系交往、灵魂对话的良心活动。教育者的诚信非常重要。首先，诚信体现在能否"反己省察"上，即不断处于内向监督、评估和修正的"自足自洽"状态，即钱穆先生所言："于己重在知其所当然。"孔子说"学而不思则罔"，其实，"教而不思"更"罔"。其次，诚信体现在向外的、客观地、从学生所得的角度对教育理念、过程、效度、方法、策略等的审视和评估上，即钱穆先生所言："于人重在明其所以然。"杜威认为，当人审慎地考察某个观念的基础以及佐证信念的充分性时，"这个过程就被称作是反思；这个过程本身就具有真正的教育价值"，"对于任何信念或假定性的知识，主动地、持续地、仔细地考量它赖以成立的基础以及它所倾向的结论，就称其为反思"。其后，舍恩提出"行动中反思"和"对反思的反思"，逐步形成"反思性教学"。

加拿大学者范南梅认为:"反思被描述为一种思考,一种对事物的关注,一种对人性的倾听——总而言之,周全的反思是对生命、生活、生存意义的探询。"并把反思分为技术理性的反思、实践反思和批判性反思。

若把反思看作人追求真理的精神活动方式,其本身就蕴含"返观自身""关注自身""聚精会神于自身"的哲学命题,其实质就是把有关事务的知识模式化、结构化、系统化。它的特点正如福柯所分析的:"第一,这是指主体要改变一下自己,要么他攀上宇宙之巅峰来把宇宙一览无余,要么向下,直达事物的核心。总之,人不能通过维持自己的现状来恰当地认识。这就是这种精神知识的第一个特点。第二,根据主体的这种改变,就有可能同时把握事物的实际和价值。而且,'价值'是指它们的位置、关系、在世界内的体积、重要性和对人这个自由主体的实际权力。第三,在这种精神知识中,对于主体来说,就是要能够反省自己,把握自己的实际情况。这是种'heauto scopie'(反身 透视)。主体必须根据自己生存的真实情况来反省自己。第四,这种知识对主体的影响也是确实的,因为主体不仅在自身中发现了他的自由,而且在他的自由中发现了一种能够让他获得幸福和完善的生活方式。嗯,这种包含这四种条件(主体的改变、根据事物在宇宙中的地位来强调它们、主体反省自己的可能性这种知识的效应最终让主体的生存方式改头换面),我认为就构成了所谓的精神知识。"说得通俗一点就是反思要改变人的现状、价值追求,以及在真实中获得幸福和完善的生活方式。说到底,真正的精神生活就是不折不扣的精神知识的消费。教师的"反求诸己"正是这种"消费"。

可以说,教师的"返观自身"就是价值意义观照下的生命成长,在不断的自我发现、自我完善中创造出一次次"新我"。发现自己是快乐的,创造自己更是幸福的!这正是良好的"自我教育"。英国罗金斯说:"教育真正的目的,并不只强调人做善事,同时还要教人从善事中发掘出喜悦。"这种欢愉是执着的、持久的。那么,教师充满"喜悦"的"反思"从哪里来?

简言之,"学会在阅读中思考,在思考后表达",因为表达是延伸自己、强化自己、激活自己的生活方式,它是需要经常"沉思"的,如讲故事、记日志、悟案例、做后记、共研讨、撰自传、搞点评等来做。福柯说:"人们是把思考的对象纳入写作这个唯一的事实中。人们帮助它扎根于灵魂中，帮助它扎根于身体中，成为身体的一种习性，或者说身体的潜能。"让教师心情愉快且非表达无以为乐的心情"记录"下思想的光辉、智慧的火花、行动的力量、美丽的事件（或客观或心灵）是幸福的源泉！

影响策略

　　教育就是影响力,而影响就是将自己的观点、主张以及道德、知识、技术、思维等有目的、有计划、有成效地施加于人,让人接受、认同、利用和转换。那么如何成功地影响呢?首先要注重策略。美国心理学家科里·帕特森说过:"绝大多数人缺乏的并不是改变事物的勇气,而是改变事物的技巧。"

　　一般而言,有四大影响策略。一是营造氛围、学会控制局面,被称为前期劝导。它是一个特殊的铺垫,是对如何提出和表达一个信息或者话题的一种艺术安排,其目的就是把人"拉入"一个预设之中,无论这个预设是情感的、故事的,还是情景的、解释的,都是为了"影响人的认知反应"。把劝导目的"隐藏"得越深越容易让人理解和接受,因为人不愿被人左右或控制。二是创建一个观众喜欢的形象,包括外显的形象和通过语言和行为表现出来的理想、信念、担当、使命、道德、能力、智慧,等等。这个形象广泛为人所"乐意"接受。心理学家普遍认为,受众是依据信息符合心意的程度以及信息传达的价值多寡来决定是否认可、认可多少。因此要了解观众所需,创建来源可信度,这就是"亲其师而信其道"的原理。由此可见,教师的形象是特殊的教育力量,不可不慎!三是设法将目标的注意力和思维凝聚在教师希望思考的信息上(教育目标和思路提示等),最好的办法是使目标自我说服。自组织是有生命力的,学习是自组织，目标的自我说服是最好的学习吸引力和魅力，也是内生性动力。四是有效控制目标的情感，始终遵循一条简单规则——激发一种情感，然后向目标提供应对方法（程序性知识或"脚手架"），方法的契合性是依据学习任务的难易来选择，而且这种方法正好是信息传达者期望采取的行动。

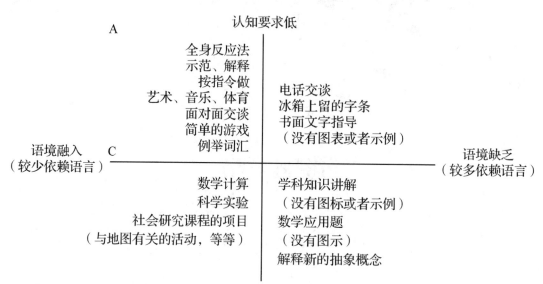

美国心理学家罗伯特·西奥迪尼指出，影响力的大小和持续性与互惠互利、承诺和一致、社会认同、情感喜好、服从权威、资源短缺高度相关。科里·帕特森认为，动机和能力是影响力的两大核心。只要在动机和能力两个方面有所突破，就有了较大的影响力。

　　成功的教育需要教育者自身具有特殊的魅力和学养以及良好的教育认知和教育智慧，教育者的一切方面都是影响学生的因素和变量。谁只要影响了学生的一生，谁就是教育家，这是教育的一个铁律！认真学习和实践"影响策略"可以让你冲破迷思，赢得教育的价值和乐趣。

三、学习感悟篇

课外生活记录

在本周观察书香校园的时候,我在一所小学发现一名二年级的学生用图画和文字记载了自己五天的课外生活,内容生动,情感真挚。

第一天。孩子讲述自己最期待的是周末写完作业玩电脑游戏。爷孙对战,孙子稍有不慎,就被爷爷打倒了。小孩总结出:"不仅仅是学习,玩游戏同样要认真和用心,否则就会做不好。"童言无欺。

这个小孩是一个诚实、有期待、有想法的孩子。孩子的心灵世界是充满生长期待的七彩世界,教育者应该在孩子心灵中种下饱满的种子,让他们对明天充满美好的期待,过有思考的生活。

从孩子的期待来看,首先是完成作业。从中透露出小孩子的心理压力,当然游戏也是一种学习,但是一旦把游戏当作缓解心理压力的游戏,从而建立起学业压力与游戏减压的高强度联结,就不那么美妙了。因为压力越大,游戏的可能性就越大;一旦学业失败,有可能将游戏变成缓解压力的一种手段,甚至或许会沉溺游戏而不能自拔。这是危险的信号!

这也从一个侧面说明小学教育已经在走向知识化,而不是关注孩子的情趣和趣味所在,这也同样是个危险的信号!实践证明,过早的智力开发,对人一生的发展是一个硬伤害,当前教育界还没有高度关注这一问题潜在而长远的危害。

第二天。孩子回忆从前妈妈带着自己去博物馆，发现博物馆里有很多喜欢的恐龙、蜡像等，并说了自己的"最爱"和遗憾，从配画的翼龙长长的脖子和"斜眼"以示不满的"人"（其实就是孩子自己）就可以看出来。

孩子的"最爱"是孩子最感兴趣的东西，也是孩子最想探索的东西。兴趣是孩子最好的老师。它是促进和保持孩子学习动力的关键，也对孩子素质的提升有重要影响。经常孕育或培育孩子的"最爱"是智慧的教育。

让孩子学会真实表达，特别是学会表达"过程"和个性化的表达。不仅可以提高孩子的智力水平促进其个性的不断成熟，还促进交流。孩子的认知过程和情感变化过程，需要孩子自己真实地表达出来（无论是幸福的、快乐的体验，还是痛苦的、不愉快的体验）。二〇一五年五月二日的《参考消息》刊载美国《赫芬顿邮报》网站四月二十九日报道，题"我的五年级老师"，作者是当时的美国总统奥巴马。他说，一九七一年，他进入普纳霍中学赫夫蒂女士教的五年级，"在那一年中，赫夫蒂女士让我认识到我需要表达自己——不是尽管我与别人有差异，而是恰恰由于这些差异，她让班里的每一个学生都感到与众不同。"然而在现实生活中，我们过多地关注"结果"，忽略了孩子的认知过程和情感变化过程，导致孩子不会表达，甚至虚假表达，最终导致孩子人格问题突出。教育不是成全了人，而是分裂了人甚至糟蹋了人。

孩子说参观博物馆可以长见识。说明孩子有很强的求知欲，这是孩子成长的基础。没有求知欲，就不能健康成长，也不会日臻完善，所以，让孩子保持愉快而旺盛的求知欲是多么多么重要！

第三天。孩子讲述自己完成作业后站在奶奶家的阳台上，看到高铁出站，想起课文《我多想去看看》，表达了自己想乘高铁去看看祖国的大好河山的愿望。

还是作业当头啊！令人安慰的是学生已经完成了作业，令人高兴的是学生站在阳台上，想起了课文，也表达了自己的愿望。

有研究发现：联想与想象比知识更重要。因为知识是有限的，而联想与想象则对于世界的一切做出了更为详尽的概括与说明。联想和想象拓展了世界的无限空间，适合孩子们做自己丰满的梦。

给孩子们一个丰满的梦和充足的空间，给孩子安装上翅膀和一颗飞翔的心，让孩子们去追逐自己的梦吧。

第四天。孩子写完作业后，妈妈带着他去海德普的院子里玩。他进了水生馆看到了水母等海洋生物，又在其他地方看到了四只聪明的松鼠猴。他说自己"今天玩得很开心，期待明天哦"。文字旁边配有动物、树木等画面。

还是一句"写完作业后"，可见孩子的空间是被压缩了的，可能是事先已经被安排好了的。孩子发现的眼睛被拘束在某一特定时空，这是要命的。

童趣是在"玩"的过程中产生的。一个不会尽兴玩的孩子，一定是不开心的；一个不会玩的孩子，一定是不会学习的。孩子对"玩"充满期待，这是童心所在。

孩子对美好的事物和愉悦的体验，都会产生一种积极的情感，充满期待。有人说，期待是一种美丽的想象，期待是一种幸福的渴望，每个人的期待就是世界明天的灿烂，世界的期待就是每一天的快乐心情！

第五天。在妈妈去上琴课的时候，孩子"发现"了世界的奥秘：爬来爬去的五个蜗牛、采蜜的蜜蜂、松土的蚯蚓，以及新鲜的空气。他大口大口地吸，企图把它留下来。

鲁迅写到小时候在百草园里的发现——"单是周围的短短的泥墙根一带，就有无限趣味。油蛉在这里低唱，蟋蟀们在这里弹琴。翻开断砖来，有时会遇见蜈蚣；还有斑蝥，倘若用手指按住它的脊梁，便会啪的一声，从后窍喷出一阵烟雾。……"

"发现"自己的存在、事物的美好和世界的奥秘，首先要具有敏感的心、聪慧的眼睛和热爱的情感。培养孩子"发现"的意识和习惯，需要从小事做起，给孩子"发现"的机会，鼓励孩子自己主动去"发现"，并且学会表达"发现"，与人分享。因为孩子的成长需要各方面的力量去支撑、去关爱。

这是一个孩子的五天课外生活，充满乐趣，也透露出一些教育的切入口。若我们能让孩子们对自己和世界充满美好期待，拥有激情梦想，不断追逐梦想，时常发现，敢于表达，那么，教育的胜境一定会到来——"初极狭，才通人，复行数十步，豁然开朗"。

三 学习感悟篇

榜样的召唤

在这几天的评估中,我特别关注师生在校园中的位置,在校长心中的位置。因为师生在校园中和校长心中的位置越高,教育的境界就越高。师生中的榜样,是学校精神文化的代表,是师生敬仰的对象,是学校的形象大使,更是具有磁性的教育力量。

在道德教育中,榜样的力量是无穷的。孔子说:"见贤思齐焉,见不贤而内自省也。"榜样是标杆、高峰、方向,凝聚着道德伦理的、文化的、历史的、时代的精髓和品格。大到一个国家的英雄小到一个组织的传奇人物,都是我们社会发展的重要的财富和精神力量之所在。

大约十年前,我让政教处评各种学生之星,每月一次,目的在于激励学生自我超越,同时带动其他同学一齐奋进。当时,有些人不以为然,总觉得高中生年龄大了,对荣誉不那么看重,他们只管低头学习就行了。这本来不是问题的问题变成了教育问题。我反复在正式或非正式场合讲述榜样的示范带动作用,经过一段时间的讨论,按照评星方案制定的标准评选出来了班级十大星级学生和学校的十大星级学生。

星级学生们靓丽的照片,各个面带微笑,精神饱满,连同他们的"感言"和"奋斗目标"都悬挂在高高的墙壁上,在言说着自己成长的故事。

学校同时评出优秀模范教师、班主任和服务者,连同他们的姿态和"感言",张贴在学校门口的宣传栏内。我专门花时间认真地写上"校长寄语"。

人是精神动物。黑格尔说:"僵硬冰冷的石头会呼喊起来,使自己超升为精神。"没有精神的崛起和信仰的耸立,没有道德的召唤和坚定的行动,我们永远是心为物役的单向度的人。我们的终极追求是人的全面发展和全体发展。为了精神的强大,我自己每年必读一本中外古今的名人传,我也给孩子们推荐了几十本名人传。通过名人的成长和人生历程,从中体验人生的悲欢离合、沉降起伏,感受到人情冷暖、世态炎凉。认识到人的一生最不可缺少的就是立志向善、为民服务。

我给孩子们推荐的名人传——

1.《马克思传》萧灼基 著　中国社会科学出版社出版

2.《毛泽东:忆往昔峥嵘岁月稠》[美]埃德加·斯诺 著　中央文献出版社出版

3.《邓小平传》[英]理查德·伊文思　上海人民出版社出版

4.《德兰修女传》华姿 著　山东画报社出版

5.《孔子传》鲍鹏山 著　中国青年出版社出版

6.《柏拉图传》赖辉亮 著　河北人民出版社出版

7.《林肯传》[美]卡耐基 著 刘家裕 译　中国少年儿童出版社

8.《老子传》秦新成 刘升元 著　百花文艺出版社出版

9.《梵高传》[美]欧文·斯通 著　常涛 译　北京十月文艺出版社

10.《莎士比亚传》[英]彼得·艾克洛德 著　郭骏罗淑珍 译　国际文化出版公司出版

11.《孟子传》曹尧德 著　国际文化出版公司出版

12.《司马迁传》班固 著　岳麓书社出版

14.《乔布斯传》王咏刚、周虹 著　上海财经大学出版社有限公司出版

15.《居里夫人传》艾芙·居里 著　商务印书馆出版

16.《爱因斯坦传》[美]沃尔特·艾萨克森 著　张卜天 译　湖南科学技术出版社

17.《从文自传》沈从文 著　江苏人民出版社出版

18.《苏东坡传》林语堂 著　湖南文艺出版社出版

19.《房龙传》［美］杰勒德·威廉·房龙 著 朱子仪 译 北京出版社出版集团出版

20.《甘地自传》［印］甘地 著 长江文艺出版社出版

21.《杜甫传》冯至 著 百花文艺出版社出版

22.《知行合一 王阳明》度阴山 著 北京联合出版公司出版

23.《欣悦的灵魂–普希金传》切尼科夫 著 曹世明等译 湖南文艺社出版

24.《杜威传》简·杜威 等 著 单中惠 译 安徽教育出版社出版

25.《陶行知传》周毅 向明 著 四川教育出版社出版

26.《李大钊传》朱志敏 著 红旗出版社出版

27.《富兰克林自传》富兰克林 著 姚善友 译 生活·读书·新知三联书店出版

愿孩子们一生仰望星空、学榜样行走

为孩子们点一个大赞

今天早上睡眼一开,便读到湖南长沙市特级教师、语文首席名师邓志刚老师转发的关于长沙市砂子塘小学语文老师指导学生写自己的名言警句的文章,感慨良多!于是写了几句:"这个促进人心智的自励、自警、自省、自律、自醒的工作,是深刻的,有价值的。我曾让全校师生写,然后挂在图书馆里、花园里、道路两旁,师生觉得很光彩,大有被尊重的意义。"后来邓老师很快又转发给了孩子们。

一石激起我心中的浪花。无论孩子们写得好不好、深刻隽永与否,都无关紧要,孩子们的世界永远都是多彩而富于创造性的,也是成人无法窥探清楚的。我想,从生命成长的历程来看,自我概念、自我意识的形成和发展正是人觉醒和不断完善的过程。通过孩子们自己的现实认知来促进孩子们的认知能力的发展,无疑是找对了教育的"心路门径"。真正的教育是自我教育。人只要能自我解放和觉醒,自动寻求至善之道,教育的任务就算完成了。若从外在的教育角度看,规训不是良好的教育。潜在的"润物无声"或"如坐春风"的教育才是真正开启人心智、欢愉人情感世界的有磁性魅力的教育,而决不是如烤红薯或土豆式的"外烁式"教育。老子说,大音希声。善的教育就是找到支点,把学生高高地"托"起来,让孩子们站在高处瞭望未来,还让孩子们觉得是自己主动站在了高处。如此，学生们会更加看重自己的力量，内驱力更强，更加主动地寻求进步和发展。

教育是一个不断启迪和感召人，不断扬善、求真、追美的生命成长的过程。我为砂子塘的孩子们点赞。

学会科学方法

　　以学生为中心的教育是未来教育的主流,以学生为中心的学习环境设计也必然利用各种各样的设计方法、工具、脚手架和问题。对于学生而言,其一,美国学者博里奇认为:"新的观点主张将学生看成是他们自身学习活动和动机的点强调在特定的过程中,学生应当学会对自己的学习负责。学生为自己设立成就目标,相信自己能够完成,获取能帮助他们完成目标的策略。当他能获得专家技能时,能够意识到自己的成就;当遇到困难时,能坚持下去。"自我认识脱离不了正确的自我评估。其二,未来是基于合作的学习。正如日本著名学者佐藤学所说,所谓"以学习为中心的教学",无非就是教师和学生合作,填平比一般水准更高的课堂与班级里最差学生的问题水准之间的鸿沟。克服这个难题的是基于小组学习的"合作学习"。学生无疑要参加各种各样的活动,学校是学习的共同体。美国学者乔森纳指出:"学习是意义建构的过程,而不是知识传入的过程,是人与世界中的其他人质人工制品之间进行互动,并自然的持续的,试图理解互动的意义。"活动没有评估是不完整的教育,评估是反思性实践学习方式。佐藤学认为:"所谓'学习'是同客观世界对话(文化性实践)、同他人对话(社会性实践)、同自我对话(反思性实践)三位一体的活动,其基础就是基于柔和的声音与身体的交往,基于'倾听关系'的对话性沟通。"

三 学习感悟篇

现在的主要问题是：我们过多地站在教育活动的外围以"第三者"的角度强调了"对学生的表现性评价"，而不是将"评论、评价、评估"作为一种教育方式，从中培养学生的科学精神和科学方法。

舒默认为，评估是一个探究的过程。包括：①你想知道什么？②你想通过什么途径获取答案？③你想在哪里找到答案？④你将如何收集信息？⑤你将如何处理收集到的信息？⑥执行评估活动的最佳途径是什么？⑦你将与谁分享收集到的信息？你将如何分享？⑧你该如何评判你的评估活动是否有实际意义？所有的评估都是一个由探究精神引导的过程。想要探究的问题可以从两个来源获得。第一个来源就是从前人已经获得的知识和经验中寻找；第二种途径则是通过我们的观察和采访，通过大量的数据和信息收集，从而得出选题。如果我们在具体的教育实践中都在每次活动中进行"科学的"正式的或非正式的评估，特别是基于发展的而非单纯管理的评估，必然会极大地提高学生的科学研究方法水平和社会化学习水平。

绩效是现代任何组织和个人都无法逃离的，问题在于我们着眼于短期利益还是长远利益以及绩效评估自身的问题，从绩效评估的严格意义上来说，"我们不是机器，在绩效评判和评分上，不可能实现公平和标准化"。但是宽松的柔性的自我评估应该是经常要应用的，从自我评估中重新学习是可能的，也是必需的，尽管过程可能是复杂的、需要深入思考的，但对学生学习、成长而言，意义是巨大的。

5. 让学生爱上学习

美国学者乌尔里希·伯泽尔指出:"我和威曼交流时,威曼解释说,教师更应该像体育教练的角色。'学习一个专业课题,就是把这个课题分解成几个关键的思维要素,然后训练学生掌握这些思维要素的过程。同时,教育工作者还需要激励学生竭尽全力地完成学习任务。'换句话说,人们需要精神上的支持,需要得到别人的鼓励。"有趣的是,有效教学测量研究项目表明,学生们自己通常很清楚谁才是最有效的教育工作者。

"让学生爱上学习"应该是教育永恒的主题,并且随着脑科学、心理学、思维学等的发展和新技术的应用不断地"科学化"。学习科学自从1991年诞生以来,任友群先生"归结"出了四大特点:①学习科学研究共同体在世界范围内不断发展壮大,影响力不断攀升,学习科学内部以及学习科学与其他学科的协作研究不断增强。②学习科学的主流研究集中关注真实情境下的认知与学习。虽然对非正式学习的关注逐年上升,但正式的学校学习场最仍是研究主阵地,尤其关注科学和数学学科相关学习领域基于理解与设计的实践。③围绕"认知、设计和社会境脉"三大领域,学习科学研究有以下主题内容:一是概念转变、问题解决、推理与迁移(认知取向)等传统认知科学概念,仍是学习科学研究者的重要研究对象。二是问题解决等新型学习方式(软设计)和技术支持的学习［如计算机支持的协作学习（CSCL）］研究（硬设计），得到学习科学的高度重视。三是学习交流实践中的话语、表征与中介，学习共同体与知识建构（社会境脉取向），正日益彰显学习科学研究的特色与活力。以上主题内容共同构成了当今学习科学研究"核心中的核心"，同时，对方法论的重视与关注促进了学习科学不断走向成熟。④学习科学研究崇尚经验（empirical）研究，追求基于证据（evidence based）的评价，对量的研究、质的研究和理论研究都有应用并在不同情况下各有侧重。在设计研究方法论的导引下，混合研究成为趋势，而且学习科学研究者正在积极探索和实践着适合新型学习环境的各种新方法和新技术，这正是学习科学迅猛发展的动力之源。

过去我们大都过于注重教育的外部功能、经验技术和知识传授，认为学生是被学习者，对学生"如何有效学习"重视不够、研究不多、推广应用不足。比如对学习的认识可能过多地认为是"熟练生巧"的活动。行为主义认为学习是反应的强化。其实从学习科学的角度来看，正如伯泽尔所说："学习就是一项知识管理的活动，它包括设定学习目标、制订学习计划、掌握基本技巧和掌握专业技能。同时，做好情绪管理也是进行思维活动的重要因素。每个人都需要有目标导向的学习方法。学习活动需要聚焦学习目标。新知识的学习需要已有知识做基础。学习活动要找到最佳的机会窗口。"建构主义更是认为"知识具有建构性、社会性、情境性、复杂性和默会性等，相应地，人的学习的建构本质、社会协商本质和参与本质也越来越清晰地显现出来"。由此，基于合作的学习共同体、实践共同体、教学共同体等相继出现了，教和学的方式正在发生深刻的变化，被称为"静悄悄地革命"。

过去，我们的教育中虽然也有"学法指导"，但更多的是基于"学科学习能力"的，而缺乏心理学、认知科学、脑科学、信息科学特别是思维科学的共同参与，所以，"有效学习"的问题一直没有得到很好的解决。但是，也不乏探索者。我曾在北京石景山区观摩学习课堂教学，同一篇文章先由心理学老师教思维方法、提出问题的方法，再由学科老师从学科核心素养、课程目标的角度帮助学生学习。我们一直都在坚持着学生讲课、讲题、讲方法的做法，觉得学生自己就应该是一个在教育中成长着的充满自主、合作、探究的教育者，这或许正是"教是为了不教"的精神实质。

多问问题才是智慧的学习

在学习过程中多问问题的人都是智慧的、高效的。学习从本质上来说，就是发现对自己的意义关系并不断扩大其联结机制的过程。所以，弄清楚大脑是如何理解事物的就显得极为重要。

美国心理学家贝斯特"建议你记住两点：第一，表象较好地精致化比不进行精致化对材料的理解会更透彻。学习时，要常问自己一些问题，比如，将来的表象和已有的其他知识间有何联系？它使我有何感悟？等等。第二，背景的精致化可能对今后的学习和提取极其重要。一些背景可能会使今后的学习和提取变得便利，其他背景可能不然。要特别注意你自己所产生的背景，我经常告诉学生应该努力记住这一点，即学习时所建立的背景在某种程度上会有利于考试时背景的重建，考试时难以重建的背景与较容易重建的背景所起的作用可能不同。"

从研究人员马塞尔·威茵曼的研究结果看，有能力管理思维过程的学生，成绩远远超过那些智商超高的学生。威茵曼说："元认知对学习效果的影响占40%，而智商方面的影响只占25%。"

元认知由两部分组成：第一部分是元认知的规划部分，即我怎么知道自己掌握了哪些知识？我的目标是什么？我需要更多的背景知识吗？第二部分是元认知的监控部分，也就是对自己学习和思考的评估，即我可以用另外一种方式学习这个概念吗？我取得进步了吗？为什么我要做正在做的这件事情呢？

心理学家林赛·瑞驰兰德和他的同事发现，人们在阅读一段文章之前，如果能够问一问这类元认知问题，即使他们不能正确地回答这些问题，他们阅读文章的收获也会多很多。

写作活动是人生活的一种独特方式，因为在组织语言的时候，必须要涉及"对话者"，即文本可能的进入者、诠释者、评价者。谁是我的读者？他们能理解我的文字吗？我需要解释哪些内容呢？回答这些问题有助于不断改变表述和思维方向，这也是写作成为整理思路、高效表达、完整沟通的一种有效方式的重要原因。因为写作活动会强迫自己思考观点、情感态度、价值观等。所以，写作越容易发生，人的思维方式越加变革，人的创造力也就越高。

学习是很深刻的情绪活动，不断产生"心流"，渗透着强烈的情感体验，也充满怀疑和否定甚至恐惧。所以，我们需要问问自己：感觉如何？学习任务是让人感到沮丧还是感到害怕？等等。

我们经常让学生提问题，除了辩论会之外，每天将自己发现并思考的问题写成纸条或发至信箱，特别是对传统经典的寓言进行批判性思维，诠释出新的价值意义，这些做法都是基于理解脑、科学学习而进行的。我一直认为，教育的科学化，不仅仅是教学的科学化，还是学生学习的科学化；学生的思维方式和学习形态决定和制约着教师教育策略、功能功效的发挥，开启了学生学习的智慧，让学生爱上学习就是教师高超的教育智慧。

7.

学生的研究意识

在美的华人学者陈志武在其介绍美式小学教育重视思辨能力的训练，从小就通过课堂、课题注重和思辨能力来培养学生的科学意识、科学方法和科学精神。他说："其一是课堂表述和辩论，自托儿所开始，老师就给小孩很多表述的机会，让他们针对某个问题各抒己见，发表自己的看法、谈谈自己的经历，或者跟别人辩论。另一方面，就是科学方法这项最基本的训练，多数校区要求所有学生在小学四、五年级时都能掌握科学方法的实质，这不仅为学生今后的学习、研究打好基础，而且为他们今后作为公民、作为选民做好思辨方法论准备。在我女儿她们四年级的时候，老师就会花一年时间讲科学方法是什么，具体到科学的思辨、证明或证伪过程。她们就学到，科学方法的第一步是提出问题和假设，第二步是根据提出的问题去找数据，第三步是做分析、检验假设的真伪，第四步是根据分析检验的结果做出解释，如果结论是证伪了当初的假设，那么，为什么错了？如果是验证了当初的假设，又是为什么？第五步就是写报告或者文章。——这个过程讲起来抽象，但是，老师会花一年的时间给实例、让学生自己去做实验。"

我国基础教育阶段虽然也强调以问题为导向的"研究性学习"，但在传统观念中将幼儿、小学生视为幼稚的、不具备研究能力的人，仅仅将他们当作"未成年人"来对待，缺乏公平对待的态度。因此，通过课题研究对学生的科学意识、科学方法和科学精神的培养没有作为一个思维课程来开发和实施，也就是说没有思维方法和科学方法的"专门课"。虽然有很多学校有"学法指导课"，但绝大多部分都是基于"如何更好地学习学科知识"的。尽管学科教学是基于核心素养下的科学教育，其中蕴含着普遍的科学方法，探索的就是科学规律，但当下毕竟还存在重知识、轻方法；重技能、轻价值观的情况。从课堂教学中普遍存在的"直奔答案而去"就可见其"一斑"了。甚至有些家长幼稚地认为孩子的所谓"聪明"就是"脑筋急转弯"、算法速度快、记忆的诗文多等，或许从来没有考虑孩子的思维能力的强弱和思维品质的好坏。学校的课堂教学上或显或隐地也有思维能力的训练，但给学生开发一门思维课程并坚持不懈地开展的还实在不多见，这与师范院校只重视知识、思想而不重视思维、教育相关，还与基础教育只重视知识的传授和应试训练有密切的关系，当然也与中考、高考的导向密切相关。

若要扎实地培养学生的思维能力和思维品质，就必须首先通过课题研究来开发思维课程进行。单从课题研究的方法论角度而言，需要解决以下的问题：①让学生在兴趣领域找到题目并上升到问题，通过批判或提问发现问题，排除伪问题。从某种意义上讲，问题意识就是科学意识。②指导学生索引、查阅、观察、实验、参观、调查、问卷、访谈等找到数据、证据、原始资料、理由和主要思想实事。或直接索引或批判地阅读，鲜明地提出自己的观点或协同提出团队共同认可的观点。③通过辨别、归类、排除、分析、论证、归纳、演绎、类比，或证实，或证伪。④撰写书面材料或报告。为什么要写出来呢？布斯曾说：写作有助于记忆，有助于了解，可以获得新的观点。我国学者钟启泉认为："自觉地把归纳与表达同信息的重建、自身的思考和新的课题连接起来，并且充分地积累应当传递的内容。可以说，探究过程是儿童自身直面现实问题的解决而展开的学习过程，这种过程对于学习者的儿童而言是有意义的学习活动的展开，不是没有目的、没有意义地单向灌输的学习，而是能动的学习活动。"当然，写作的过程也是不断修改、提高思维能力和品质的过程，其论据的充分性、论证的严密性、结论的严肃性、表述的准确性都是科学精神的核心要素。

科学教育不仅仅是观看科技电影、参观科技馆、成立科技节、参加科普活动甚或小发明创造竞赛或申请发明专利，而应该是激发学生们的科学梦想，扎扎实实地在学科教学中进行，从思辨、思维训练中进行，从思维课程的开发和实施中进行。现在，真正的问题不是"不能"，而是"不愿"；不是不懂，而是怕辛苦；不是没有认识水准，而是没有真正为学生着想。

学校文化建设须从大处着眼，小处着手，紧紧围绕师生的发展思考问题才行。一次去北京，看到一所学校的门口电子屏上写着天气、温度的提示，感受到了学校对师生的人文关怀。

不久，我们重新规划校园，我想到了科学教育不是单一的课程，也不是体现在校园文化建设中的科学家头像、口号标语之类的，而是结合课程，通过观察、实验来让师生参与其中，通过科学兴趣推进科学研究意识和科学探究精神。于是，我们在校园里安装了气温观测设备，让学生们成立了"天地时空社团"，派地理老师指导。

为了推动学生们的科学探究兴趣，我们联系兰州大学的大气科学院，让学生们去参观和感受环境科学。我提出参观后要给我一个"观察日记"，以此为契机，形成学校文化建设中的"科学教育"特色。让学生记住一生中的最为关键的事件是促进生命健康快乐成长的重要抓手，轻忽不得。

三 学习感悟篇

最好的学习方式

法国思想家福柯着眼沉思到训练谈到了阅读、思考和写作,并认为它们是重要的修身训练的要素。他指出:"写作是训练的一个要素,其优势在于具有两个同时的可能用法。这种用法可以说是为自身的。因为人们是把思考的对象纳入写作这个唯一的事实中。人们帮助它扎根于灵魂中,帮助它扎根于身体中,成为身体的一种习性,或者说身体的潜能,这是一种人在阅读后必须写作的习性,同时,重读曾写过的东西必须大声地读出来。在拉丁和希腊文写作中词与词之间是不分开的,这就意味着阅读起来非常困难。因此,阅读训练不是一件容易的事,当然,用双眼去读是不成问题的。"在福柯看来阅读、思考和写作是三位一体的,是不可或缺的修身训练方法。福柯强调的是用语言和逻辑来表达而非口头表达。

无论是怀特海还是杜威都强调学习和课程中的经验、个体性、过程性、生成性、复杂性。荣格说:"没有人能够意识到他的个体性,除非他紧密地、负责任地与他同时代的人联系起来。因此当他试图寻找他自己的时候,他没有退回到自我中心的荒漠中去。只有当他深深地、无条件地与一些(通常与许多)个体联系起来,即与那些他有机会与之比较,并且从他们身上他能够区别出他自己的人联系起来的时候,他才能发现他自己。"美国学者派纳认为,当一个人关注自己当前的想法,并把它记录下来,通过这种记录、反思、超越,这个人就可以迈向"另一个更高的起点"。支撑的思想是"对自身的自我意识进行概念化",强调的是在发展过程中自我与自我的关系认知、确认乃至不断重建。所以,要不断地把自己要表达的表达出来、外展出来,这是最具有品质和智慧的学习。麦肯锡的MECE(me-see,意思是"相互独立、完全穷尽"的解决问题的方法)要求列出全部问题的清单这一方法证明:一旦你将想法记录在纸上,就永远也不会忘记。实践证明,这是一种最经济的自我修炼、自我学习、自我提升的方法。

从人类学的角度来看人的灵性等"入迷"状态,无非内省与外求两个方向,智力和非智力因素两大系统功能最大化。概括起来,其特点有十点:①心中敬仰,有高期待;②注重仪式,忘记过去,觉有新生,不断看到新我;③听从老师的教导,注意整合方法,多样化"获得辅助神灵",多途径展示自己;④内心有光,觉悟参省;⑤出声"快乐",暗示自己,心悦乐纳,克服恐惧;⑥与其神会目遇者建立亲密关系,心存鲜花;⑦凝心聚视,冥想禅定;⑧遵照精神导师的指引,每天给自己一个新的动力暗示,有一个"新心";⑨仔细寻找第二个自我,反观生命的灵魂;⑩要有道法器一体的仪式,自魅赋能。身心合一,让身体参与认知、表演是高品质学习的不二法门!

从学习心理学角度来说,人是在生物学基础上进行社会构建的。学习科学家发现,当学习外化并表达自己正在形成的知识,学习效果会更好。维果茨基认为,人的心智发展始于可视化的社会交互,然后慢慢被学习者内化并形成想法。虽然对于这个内化过程的准确性颇有争论,但有一点却是共识,即认为学习者之间的协作和对话是很关键的,因为它使学习者从清晰表达中获益。心理学家索耶指出:"学习科学研究中最重要的主题之一是,怎样支持学生的表达过程,哪种表达的形式对学生最有益。结果发现,如果表达是'以脚手架为渠道'的形式,效果会更好,这样知识可以清晰地表达出来,进而以某种确定的形式促成有效的反思。"实质上,一旦学生表达了自己正在形成的观点,学习环境就支持学生反思他们刚刚表达过的知识。这样就会促成双环学习和思维的可视化,尤其是通过具身认知来调动情感的参与。情感会激活关系的连接、内化、顺应和内隐学习并外显,这个过程就会促进学习者自我发现,从而获得学习胜任力和掌控感,并从中获得自信、自我效能感和自尊以及道德的发展,促进非智力发展并推动智能的发展。这也是思维导图、剧场学习、艺术整合能够获得成功的根本原因之所在。

不善学与善学者

　　《吕氏春秋》："不能学者：从师苦而欲学之功也，从师浅而欲学之深也。草木鸡狗牛马，不可谯诟遇之，谯诟遇之，则亦谯诟报人，又况乎达师与道术之言乎？故不能学者：遇师则不中，用心则不专，好之则不深，就业则不疾，辩论则不审，教人则不精；于师愠，怀于俗，羁神于世；矜势好尤，故湛于巧智，昏于小利，惑于嗜欲；问事则前后相悖，以章则有异心，以简则有相反；离则不能合，合则弗能离，事至则不能受。此不能学者之患也。"

　　学生如何看待教师的作用直接影响着学生的学习期待、态度和行为。常见的是认为教师是帮助学生学习的，怀有不切实际的想法，即使自己粗心大意，也希望自己学得精通；即使浅尝辄止，也希望学得深入。这正是"其志大"而"其行也小"，目的与行为乖谬，其实质是过分依赖教师，缺乏自我反思，不愿付出。《吕氏春秋》把"外向式依赖学习"看作是师生关系中学生对待老师态度的"谯诟"（粗暴、过分之意）。

　　学习是充满思考和批判精神的，反观内省是首要的，如曾子"日三省吾身"。

　　当今是经济社会，认为教师就是服务者，家长是购买服务的，既然购买了，服务者必须是全方位的。社会对待教师严苛而细繁，把孩子们的教育甚至生活全部推给了学校和教师，稍有不满就"闹"甚至"打"或"弑"。

有的学生用心不专，爱好不深，求学不努力，辩论不明，向别人学习不精心。这些问题不是简单的道德判断的问题，而是对学习目的认识不清，或是对课程不感兴趣，或是与教师没有建立起来信任关系，教师的"向师性"差，或是生性慵懒、生活习惯不好，等等。要解决学生的思想认识和态度问题，光靠规训不行，需要深入学生心理世界中去，打开他们的情感世界，以心灵赢得心灵，使学生的心灵获得自由解放。

最为严重的情况是学生自己不努力还怨恨教师、甘为平庸。他们在眼前杂事上花费精力；依仗权势为非作歹，因此沉迷于耍弄奸巧计谋，迷恋微小的利益；在嗜欲上惑乱，处理事情前后矛盾；作文章观点杂乱不一致，即使简单也会有相反之处；分散的东西不能综合起来，综合的东西不能分析，重大的事来临却不能承受。学习失败，主要是动机和态度的原因。

当然认识学生不能盯着短处不放，而要在精准把握学生的"问题"之后，转捩为教育切入，把解决问题转化为学生自知、自律、自信、自动、自强的内生动力。

那么，善学者是什么模样呢？《吕氏春秋》："善学者，若齐王之食鸡也，必食其跖数千而后足；虽不足，犹若有跖。物固莫不有长，莫不有短。人亦然。故善学者，假人之长以补其短。故假人者遂有天下。无丑不能，无恶不知。丑不能，恶不知，病矣。不丑不能，不恶不知，尚矣。虽桀、纣犹有可畏可取者，而况于贤者乎？"

善学的人是如齐王吃鸡跖一样的"贪吃"才行，因为愈学愈爱学，愈不学愈厌学。学习是在积累中不断培养出一种热爱不已的情感，刘勰把学习称为"积学储宝"，若是人人都能把学习当作是"储宝"，全民的阅读就真正到来了。其次是善学的人"借人之长以补其短"，凿壁偷光是"借"，隔墙有耳也是"借"，师法自然、如坐春风、同伴互助、拿来主义、因明论辩……都是"借"。全盘吸收，必然消化不良，要批判借鉴，还要创新发展和创造性转化，为我所用。借来补短，只是一个方面，贵在扩大自己的优势，扬长避短。

最高境界是不以不能为丑、不以不知为恶，意思是实事求是地承认自身的能力不足、认识不足，不要虚饰，看人要全面，要发现人的善性。即使桀、纣那样的暴君尚且有令人敬畏或可取之处。教师经常会遇到不养心的学生，老发现"毛病"不行，让学生自我发现其长处和优势，产生价值感才是正确教育之道。几乎所有的教育暴力和教育悲剧都是从有毒的"抱怨"开始的。

三 学习感悟篇

合作学习缺不得

合作学习虽然进行多年了，作为改革传统教育教学的有力方式在课堂革命中占有非常重的分量，是一种全新的学习方式和教育理念，但至今仍很难扎根课堂，存在流于形式、半途而废或虚假合作等问题。虽然成因很多，有系统性、结构性的，但与培训单薄也有直接关系。正如美国新墨西哥大学教授哈维·斯莫基·丹尼尔斯所说："孩子们每天上学放学，却没有养成与他人进行高效合作的好习惯。他们并没有学到如何去尊重他人、友善待人、与人合作以及善解人意，他们也没有成长为有责任心的团队成员、能提供支持的伙伴以及可靠的员工，他们也没有练习实践这些社会技能，而这些技能却能使他们在中小学、大学甚至以后的工作中取得成功。"

合作学习、学以致用、有效交往或在实践中不断协商意义，不仅是目的，还是一种技能，被马扎诺称为"意动技能"，对于小组合作至关重要！其内容包括意识到解释的力量、培育成长心态、培养韧性、避免消极思考、多角度思考问题、负责任的互动、处理争议和解决冲突。可惜我们在具体教育实践中，对学生这方面的培训几乎空白，学生不具备小组合作和协作的基本技能，所以，小组合作流于形式或演化成了教师展示所谓新理念的"配角活动"（或称为"被活动"更精准一些），高度自治的合作学习小组没有真正建立起来。学生互

103

动的内外障碍主要体现现在以下几个方面：

从学生自身的问题来看，有5种：①缺乏互动的意识和习惯，不能将同伴视为潜在的学习对象，形成"我为人人，人人为我"的责任感。尽管我们的传统文化中有互相帮助、同舟共济的大集体主义精神，但是没有很好地在教育中扎下根，学生更多地认为教师是权威，所以我们的课堂中往往是以教师或知识为中心，而不是以学生的学习行为的发生来判断教学效果的。现在和未来应该把课堂互动视为和他人一起推动文明发展的伟大事业来进行。②部分学生对自己的知识拥有和掌握感到胆怯，交流的口袋里缺少"苹果"而沉默不语。课堂的本质之一就是学生在理解交往的过程中经历"社会情绪能力学习"，加速学生社会成熟。英国作家萧伯纳说："倘若你有一个苹果，我也有一个苹果，而我们彼此交换这些苹果，那么你和我仍然是各有一个苹果。但是，倘若你有一种思想，我也有一种思想，而我们彼此交换这些思想，那么，我们每人将有两种思想。"实质上，学生的社会情绪能力越好，学习行为越持久优化，学业成绩也会表现得越出色。③个别学生自信力不强，缺乏归属感。或许是因为长期得不到互动训练，缺乏"有声思考"的信心和勇气，担心丢人而对话少。学生对自我概念的认识至关重要！若是没有充分认识到自己的优势和发展可能性，自我效能感水平低，内生动力不足，自信心必然欠缺。比如，有些老师让学生大声读书，经常口头表达或传递信息，甚至让学生用自己喜欢的方式来学习，采取混合学习和合作训练学习，很好地改善了学生的学习状态。④小组成员之间表达观点出现分歧后，不懂得如何以尊重他人的方式表达自己或将"分歧"视为"生成"，再度将话题引向深度学习，且缺乏相应的礼仪和语言技巧。⑤任何问题的探讨和学习以及人际交往都存在一定"风险"。学生们因为领导力水平较低，而对交流危机的管控和应对缺乏策略，由此导致合作学习半途而废或跑题。

从课堂教学的状况来看，有5种：①设计问题任务单一，相同的学习任务使不同的学生都觉得意义不大。对学优者来说，易；对认知困难者言，难。前者因挑战性太小而乏味，后者因挑战性太大而逃避。这是班级授课的一个难题！难在现实中存在的大班额甚至超大班额下为不同的学生提供个性化服务实在有太多的现实条件困境。所以，基于合作的项目化学习最有可能成为最好的合作学习的选择。②教师还没有充分认识到合作学习的实质性问题是把教师如何支持和促进学生学习、发展的"规则"转变为合作小组如何支持、促进每一个小组成员学习、发展的"规则"。这是一个合作对话或学习共同体的系统规则的建设和实践的问题。合作学习是黏合剂，共同构建意义和创造的大厦，对促进人的社会化具有巨大的意义。它需要6个条件：关爱、谦逊、信念、信任、期待、批判。这些课堂合作文化不仅是师生之间的关系优化，还是将班级文化中的支撑性规则"化整为零"，迁移为小组合作学习的支撑性规则，让学生在学习过程中潜移默化为自我教育的主体。正如苏霍姆林斯基所说："真正的教育是自我教育。"③在课堂合作中，由于不是真正意义上的合作学习，而是说说议议或者是"即时互动"，教师滔滔不绝地讲，有时会提一个问题，点名请一个学生来回答，稍加评论后再请另外一个学生加以补充，如此等等，导致学生被动学习。这种状况是教师不能理解合作学习的本质而造成的。合作学习的实质是将每个学生视为人力资源和学习主体，公平公正对待学生，尊重学生的学习权利，充分激活学生，智慧合作，智慧教育教学，而不是教师成为唯一主角。在现实条件下，最好是在以教师为中心和以学生为中心之间找到平衡。比如，教师完全依赖某个固定的课程表，但是某些主题和研究是从学生们自己的问题中构建出来的，完全是协商课程。这里要处理好教师在学生合作学习时的角色扮演的问题，就是要处理好谁是主体的问题，以及显与隐、组织与评价、帮助与调控、启发和引导、观察和分析、练习与迁移的关系，发挥好马扎诺概括出的促进小组有效运作的教师是"启动者、促进者、调节者、说明者"的角色功能。④由于教学任务、教学速度与合作学习之间存在制约，所以在合作学习的时间分配上思考不成熟或对课堂生成问题把控不准，往往让学优者多拥有话语权，教学公平受到严重挑战，合作场变成了少数几个学生的权力场，大部分学生"被学习"。这是课堂中教育不公的最为重要的表现形式，对学生内在发展的影响是致命的！学生们总觉得老师是"偏心"的，把学生分为三六九等的，这甚至是导致班级管理涣散、师生冲突、校园欺凌的根本动因，把一个教学中技术的危机演变成了教育的危机。⑤教师对学生的"自我概念"形成认识不够，合作小组文化建设不到位，不是把它作为以学生学习为中心的"环境创设"来解决的。布伯的"我——你"亲密关系没有建立起来，彼此信赖、彼此帮助、开放自在都欠缺，合作学习就很难真正发生。要改变这一现象，首先，让学生创造相互熟悉、信赖的环境，如学生配对轮流分享自己的个人经历、兴趣爱好、电影推荐、学习所得以及观点看法。其次，创造一种尊重、包容、共情、感恩的文化环境。让学生知德性，践德行，学会收缩自己，明白天大地大，人不能自大。再次，让学生经常问自己：我所做的贡献会对这次活动产生怎样的影响？我必须用什么技能才能帮助其他同学？我用什么样的方式才能向组里的其他成员学习？这就是说要经常向内"克察省治"，寻求心灵深处的力量！最后，教会学生人际交往技能。大部分学生不可能自主拥有良好的人际交往技能的，都要从课程学习中逐步获得的，特别是人际交往心智模式和成长型思维的发展。这里，通过课堂布置、课堂氛围、责任明确、语言沟通、活动和作业、创设情境、角色扮演、反馈、故事、电影、评价、游戏等教会学生合作技能。比如，请求如何给予帮助、说明、举例解释和重复；善于倾听、表扬别人、善于发问、控制时间、礼貌用语等。

从社会发展来看，有两种：①随着城市化进程加快，学生流动加速，城乡融合，学生差异化明显，身份、经济、学习资源、教育背景、民族文化等融合加剧，合作学习面临融合和跨文化下的对话的挑战。②教育技术和学习方式的融合难，不利于学生跨学段、跨学科、跨空间的学习。尽管现在翻转课堂、微课、在线课程等定制化、个性化日益成为趋势，但是学生自己研发和拥有的特别有限，进行大团队合作学习和合作研究的共享平台和资源几乎没有。

教师的重要任务就是如何想办法让学生们紧盯学习目标而"粘"在一起，感到彼此不可或缺及有义务对同学提供智慧，且有积极的情感体验，即在一起是愉快的、舒服的、悦纳的。为此，我们必须首先建立起"以学生的普遍需求（对知识、权利、兴趣、安全、归属、自尊、自我实现与超越等的需求）为中心"的合作学习文化，实现真正的合作，但其前提是必须对合作学习小组进行系统的训练和培训，以使学生主动参与、积极合作、高效学习、健康成长。其中安全、归属、尊重需要的满足是转向自我实现与超越的前提条件，需要重点关注。只有当学生感到心理安全、舒适，才会认同合作原则和价值，才能积极参与合作对话，热爱同学、班级和学校，努力学习，产生强烈的归属感，尊重他人，尊重自己，自我超越。研究发现归属感与下列因素有关——课堂的参与度，面对困难的毅力，对学业成功的期待，对学业的内在兴趣，更高的课程成绩，老师对于学生努力程度

三 学习感悟篇

的评价。

根据国内外的探索，有些有效的方法和思维工具值得我们去学习、尝试、完善、探索、创新。培训项目可以是即时的、短期的、长期的，也可以是课程的、游戏的、项目的。

美国共同核心州立标准（CCSS）对幼儿园至高三的学生的合作学习都有定锚标准。美国的雅各布斯提出了合作学习的八个原则：一是探寻合作价值原则，通过讨论合作行为标准、教室座位布置、学生互动提问、发问、课堂分类（分享事物、寻求帮助、接受帮助）、合作游戏等提高学生对合作的认识，形成合作氛围。二是异质分组原则，通过小组共同设计吉祥物、交谈圈、滚雪球、聚焦法来异中求同，形成合作共识。三是积极互赖原则，通过切块拼接法（轮流的"专家"学生团队教不同团队学生或者让高年级学生教低年级学生，实现"教别人等于自己学两次"）、成绩分阵法、思考—配对—分享、书写—配对—交换等让学生获得合作学习技能。四是责任到人原则，通过写作循环圈、轮流发言、前测和后测、配对交流、展示自己等合作学习。五是同时互助原则，通过配对复习、编号齐脑动、相互串门交流、评头论足等让学生形成"展示是习惯"的认识，互相学习。六是平等参与原则，通过划分角色及明确职责，如促进员、计时员、检查员、鼓动员、发问员、记录员、声控员、观察员、点赞员、总结员、反问员等使用谈话卡；用音乐呈示结果、思维导图等，为不同学生提供必要的帮助。七是合作技能原则，通过出示学生必备的合作技能、思维技能、讲述/阐释、重复、扩张等培养高水平合作技能。八是小组自治原则，通过观察、提问、项目学习、服务性学习、课外学科合作等深度学习。

从世界范围看，课程聚焦于批判性思维与问题解决、创造性与主动学习、交流与合作、跨文化理解与全球视野，采用以学生为中心的项目化学习等方式推动学与教的变革已经成为一种趋势，而有效的项目化学习必然采用小组合作学习。只要我们树立了"教学就是教学生学"，把学生放在教学的"中央"，系统设计，持之以恒地坚持合作对话培训，高效学习就会发生。我认为小组合作学习是建立在"交往—发展"基础上的，主要通过协商意义而动态构建，甚至更为关键的是小组每个成员都要紧紧围绕话语权的平等（或称机会均等）进行分工合作，以团队精神和价值目标以及内蕴包容、同理心、倾听、欣赏、批判等支撑性、建设性文化来促进竞争性学习。这样做目的有四：一是形成自主、探究、协商、妥协和协同；二是认同、持续和不断完善和改进，每个人都有自信和获得感，都确认自己的内在力量不断"涌现"，提高领导力；三是形成积极的课堂教学文化，优化学习环境；四是教师组织、指导和引领学生自评、互评、师评、组评，建立积极的反馈机制，在开放的思想系统中吸收、借鉴、反思和批判。若是这四个目的都达到了，课堂就是高效的。

开设机器人社团课

据德国托马斯·瑞德的《机器的崛起——遗失的控制论历史》一书的介绍："1960年，美国大约有3500台电子计算机进行数据运算。根据数据处理性能的不同，租用一台计算机每月花费1600到300000美元不等，而购买一台的价格则在6万到1300万美元之间。'巨型大脑'被安置在特殊的、根据天气控制内部气温的房间里，由担当重任的技术人员精心维护，只有这些技术人员知道如何操作成卷的磁带、磁盘、磁鼓和穿孔卡片板。这种机器被用来发放薪水或计算财务报告。计算机科学开始作为一门独立的研究领域逐渐兴起。1961年，斯坦福大学在其数学系内部划分了一个计算机科学专业，仅仅4年之后，该专业就变成了一个独立的系。而理所当然地，思考机器在军事领域得到了良好的应用。人们迫切需要深入认识这些新型且看似神奇的机器。""20世纪60年代初，很明显有一件非常重大且非常基本的事情正在发生：计算机变得更加强大，自动化在工厂中得到了逐步推广。同时，控制论这门新兴学科开辟了新的研究途径：系统与环境、大脑与身体、机器与工人之间的界限正在被打破。这些变化引发了一定程度的困惑和不确定性。"

我最早知道与计算机有关的信息是1983年，当时正在上大学，有位老师简约地提到集成电路贮存大量信息，像个图书馆。2009年，全国中小学学生接触机器人的还不是很普及，我觉得农村来的孩子们应该接触智能化的技术，了解世界智能的发展和应用。于是，花了20多万元，建成机器人工作室。当时的计算机老师也是外行，可能学生中有高手，于是，公开招募，有10多位学生参加。为了编程，还专门配备了先进的计算机。从此以后，学生自学、编程、演练、传播，带动了一大批学生的广泛参与。逐步地形成了机器人社团、航空航模社、房模社等。通过一年多的学习和动手操作，出人意料地在全省、全国获奖。在我看来，获奖不是目的，未来的世界是由科学、艺术、人文、技术来支撑的，激发学生的科技梦想，让学生追逐科技梦想才是根本目的。为了稳定而持续地发展，我们让计算机老师经常参加培训，每年划拨经费，不断组织学生参加机器人的活动，通过对机器人的了解和设计，使很多学生对人工智能产生了浓厚的兴趣。

开设机器人社团课的启示是：①在新的潮流和科技面前，学校积极引领，要让学生有一颗激动的心。②通过社团课的开设，提供资源和平台，让学生充分发挥自主、能动、创造精神。③让学生站在世界科技发展的角度，审视科技与人类的生活关系，关心自己，关心他人，关心人类。④为个性化的学习提供帮助。学生的学习进步、健康成长、全面发展是我们的终生追求。⑤使学生终身学习，一生思考科技与伦理的关系，明白有伦理的科技才是我们最值得追求的。⑥科学教育必须是建立在梦想、思考、动手、实验、实践基础之上的，而非空洞的说教。⑦设计课程必须要具有前瞻性，要为人的未来发展担责，这是学校的最高道德。

当今的机器人更加智能化，人机交互更频繁，正在一步一步地印证着1963年维纳的预言：未来的世界将是一场智能机器与人类大脑的极限所进行的艰难抗争。从今天的教育与智能的关系来看，以学习为中心的项目式学习、跨学科学习似乎已经成为趋势，智能化时代的教育因为新技术的应用而日新月异，人文和科技结合得日益紧密。STEM群既是分科的又是最合的、延展的，诸如STEAM（科学、技术、工程、艺术、数学）、STEMx（科学、技术、工程、数学、计算机、技术思维、创新与创造、沟通与协作等），学科界限、人机界限将会越来越模糊，定制化、个性化的学习将会越来越普及，慕课、翻转课堂如火如荼，这一切，没有高度智能化设施支持是无法实现的。

附录：机器人的来历

1950 年 5 月 5 日，星期五，MITT（机械手）戏剧工作室在波士顿西区查尔斯街的皮博迪剧场（The Peabody Playhouse）上演了一出著名的科幻剧。该剧原文为捷克语，但它带给了大多数语言一个新兴词汇——"机器人"。该词首次出现于卡雷尔·卡佩克（Karel Capek）的剧本 R. U. R 中，R. U. R 是 Roumoi Univeralnl Roboi 或 Rossum's Universal Robots（《罗素姆万能机器人》）的简写。该剧讲述了一家制作被称为"机器人"的人造工人的工厂的故事。故事中，机器人对其制造者发起反抗并最终消灭了人类。该剧写于 1920 年，一经发布便取得巨大的成功。出版 3 年之后，该剧本被翻译成了 30 种语言。故事中的机器人并不是简单而笨重的金属块，令剧院的服装设计师高兴的是，它们由有机物和钢制品共同制成。

学生的"官威"

最近,从四川理工大学到浙江大学学生频频显示"官威"以及安徽怀远县某小学十三岁副班长受贿事件,沸沸扬扬,震惊社会。仅从当事人的品质、品德上评判是乏力的,不能从根本上解决问题,深究其根源,教育自身难辞其咎。

学校教育总是秩序化、结构化的,尽管人的复杂性决定了人的多样性和个别化,但是,教育必然要受到政治、经济、历史、思想、文化和科技的制约,特别是国家政策和学校育人是两股超级力量。仅就学校教育而言,学校的育人观中总把"成功""优秀"作为学生知识理解和掌握的"标准",以竞争的名义通过"排名"、相对评价、投入产出评价或者说更多的外部评价、奖罚等手段不断强化"学生身份",形成带有浓厚社会评价褒贬情感的"差序等级",或者说通过考试和评价"有意"赋予"优胜者"更多的"社会地位和知识的所有权",变相剥夺"失败者"的受尊重、给予信任以及自由表现的权力。这样一种情况渗透在教育的各个毛细血管之中,宰制着教育的认识和行为,并不断"固化"为一种拥有显性或隐性的文化权力,使所有参与其中的人都认同其"合理性和合法性"。这些都与社会的存在形态和运作是一脉相承的,社会要分层,学校教育难道不把人分层吗?吉鲁极其深刻地指出:"知识现在已经被工具化,知识本来可能带来的敬畏、神秘和远见卓识因为被愚蠢的量化和测试逻辑重新定义而变得平庸不堪。正是这种逻辑支配了当今学校的量化考核文化，推动了支配整个社会的效率、生产率和消费主义的更大矩阵。因为测试本身变成了目的，它不仅抑制了批判性思考的可能性，而且剥夺了教师进行批判性思考、采取充满想象力的教学法的可能性。这种从市场企业文化学来的赤裸裸的教学模式把教师当成快餐店拿最低工资的打工仔，蔑视那种将公立学校当作少数幸存的能让学生学习如何处理复杂观念之地的观念。"

苏珊·M.兰德从政治对学校教育"宰制"的角度指出："学校文化并不强调活动对于共同体（实践共同体）的贡献，而是过多地把知识化的技能变成物化的存在，变成商品，把知识变成某种要去'获得'的东西。说得更清楚一些，当官方渠道只提供在制度上以委托方式进行的商品化活动供大家参与时，学生就发展出一种同他们参与这些商品化活动的能力相关的身份，这种商品化活动导致等级的产生对某些好学生而言，这帮助他们适应成功学生的身份（常常与成为一名书呆子联系起来）；但对许多其他学生来说，这个境脉导致了'负面身份的广泛生成（差等生、失败者）'，并出现'制度上反对的夹缝中的实践共同体（破坏者、问题学生）'。的确，尽管学校强调课程和纪律，但这些非课程的实践共同体最能对个人产生影响。"

更为要命的是本来可以为每个学生提供充足选择的课程、课堂、学习方式和信息平台的，但是令人遗憾的现实状况是单调、僵化，缺乏选择性，不能使每个学生都在其中获得自信和自由学习价值的可能性，所以，更容易导致线性思维的产生，将学生"排列"在一个特殊的"序列"中进行"社会与文化的再生产"。于是，教育的公平、公正和正义永远是社会的敏感神经，牵一发而动全身。

权力诞生于不平等，即非对称力量结构中，它的基础是"秩序谱系"（合理性和合法性的形成），来源于职位和非职位的自身影响力。职位权力包含法定权力、奖励权力和处罚权力，自身影响力包括品德、学识、能力和情感等。当权人一旦充满私心杂念，把职位权力当作能召唤神灵和超人的力量，面对"利益"的时候，就会"倾斜"。加上我们的教育中缺少领导力的系统培养，学生不仅不会科学识别权力、权利与责任义务，还会为滥用权力、公权私用大开方便之门。从此，教育自身的形象受到严重的损害，教育的价值体系被自己所颠覆，教育自己走到了自己的对立面。

培养学生的领导力是学生学会正确使用权力的不二法门。领导力的培养要从小开始，从扮演的社会角色的职责认知、规则维护、后果承担、危机管控、冲突谈判、服务质量等方面通过项目式学习、研学旅行、解决校园欺凌、社会实践活动等方式培养学生正确的权力观。

四、教学感悟篇

观品教育

学习目标的制定和使用

学习目标是在以学生为中心的教学过程和学生参与性评价之中被强调的。学习目标就是着眼学生的发展现状，根据课标和发展标准，按照年级或者核心素养、课程标准、学科学习任务制定阶段性的或一节课的学习目标，作为学生学习的参照、追踪学习、参与评价的标准。如美国马扎诺所说，学习目标是学生需要掌握的标准中所陈述的知识和技能，知道什么（陈述性知识）、示证什么（程序性知识）。学习目标必须可理解、可操作、可测量、可评价。学习目标通常以"我能够做……"为语言结构形式，并且有要瞄准学习行动目标的完成，如，"我能够在90分钟内完成800字以上的作文。"

应该清楚的是：学习目标就是学习本身，而非简单地描述学习任务。复杂的学习目标要分解、具化为具体的连续的学习目标，比如，学习内容是理解货币的价值标准，它可以转换为两个学习目标——"我能够用多种方式找零0.5元和我能够用多种方式找零10元"。同时，我们还要确立并实现每个学生特色学习目标和长期的学习目标。特色学习目标就是用学生能够理解且能够增加学生归属感的语言，表达对学生的具体期望（一般与学术氛围、学习观、社会行为规范相关），长期的学习目标一般由3至5个具体支撑性的学习目标构成。如下图所示。

四 教学感悟篇

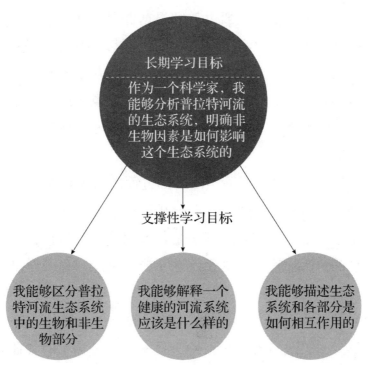

在学习过程中最根本的是要让标准、学习目标和评价保持一致（高匹配度），见表4-1。

表4-1 基于学习目标的类型选择评价方法

项目	选择题	论述题	表现性评价	个性化交流
知识	良好匹配——评价对要素或知识的掌握程度	良好匹配——评价对要素或知识间关系的理解程度	不好的匹配——花费大量时间评价所有内容	匹配——能够回答问题、评价问题的答案，但是浪费了很多时间
技能	不好的匹配——能够评价对预备知识的掌握情况，但是不能告诉评价者学生是否可以使用该技能	良好匹配——写下复杂问题的解决办法，考查推理的熟练程度	良好匹配——能够观察和评价学生正在使用的技能	良好匹配——考查口语表达的熟练程度
推理	匹配——仅仅评价对一些推理模式的理解	良好匹配——写下复杂问题的解决办法，考查推理的熟练程度	良好匹配——能够观察到学生解决问题以及推测其推理的熟练程度	良好匹配——能够让学生边想边说或者连续提问以考查学生的推理能力

资料来源：Stiggins, Rick J., *Student-Involved Assessment for Learning*, 4th Edition, © 2005. Adapted by permission of Pearson Education, Inc., Upper Saddle River, NJ.

学习目标制定的现实是：一般由教师根据课程目标，选择适合学生的一个起点，为学生提供可达到的学习目标，使学生能够理解并为之不断努力的目标。师生之间缺乏鲜明的合作和协商制定学习目标的机制及其传统。同时，所选择的学生发展起点，并不是每一个学生合适的发展起点，而是一个笼统的、概括的、适合所有学生的一个发展起点，而且缺乏将学习目标与评价标准结合起来的鲜明意识和做法。

对于教师而言，需要培训有关学习目标方面的"常识"及使用方法；要在促进学生不断进步方面具有专业性；要分析课程标准与学习目标，要引导学生或与学生合作制定切合学生实际的甚至是每节课的学习目标；要从学生学习的角度去设计可理解的课堂教学、单元教学（或大概念）以及学期教学；要实现高阶思维（如分析、比较或批判、综合、评价等）与低阶思维（如认别、记忆、描述、复述等）的融合、浅表学习和深度学习的结合；要让学生追踪学习目标，和学生交流其进步，用这样的方式支持、激发学生对学习的责任感。但是学习目标对教师的挑战也是显而易见的。

教师面对8种挑战。第一，如何使学习目标与学生的认知发展水平保持一致？第二，如何使与标准和评价紧密联系？第三，如何引导学生制定和使用课程学习目标？第四，如何分解、分配课标，使之变成学生连续的、具体的学习目标？第五，学习目标由谁主导？如何主导？第六，如何使学习目标变得具体、可观测、可测量？第七，如何形成不同层面、不同视角的聚合的或内聚性的支持力量，共同促进学习目标的高质量完成？第八，如何使学习目标与学校的其他重要活动相联系，比如，校庆、学习庆典、毕业典礼、生涯发展规划、研学旅行、学校发展计划、家校教育等，并且将之变成学校文化的一个组成部分，特别是成为动态的、多少样的学习文化的核心？

美国学者罗恩·伯杰等人指出："如果学习目标是给教师而不是给学生看，那学习目标是如何被精心设计和表达的一点都不重要，也没什么用。"若要学习目标发挥作用，需要师生合作协商，做好以下工作：

共同启蒙。通过小练习、即时贴、讨论等确定学习目标的生成性、层次性及标准，避免一个目标中有两个以上的行为动词或内容过于宽泛。有些老师会让学生大声朗读学习目标，并向同伴重新表述或者以小组为单位进行讨论、修正。但这并不是体现"赋予学生学习自主权"的主体地位和作用发挥，通过广泛地启蒙达成师生合作讨论，达成共识，让学习目标成为学生自己学习行动的引导和学习结果的评价标准。

编制步骤。首先在研读课标、教材、课程和学生的基础上确定知识类别。其次细化标准，将目标分配在不同的学习时空。再者编制量规。最后自测、评价。

自测自评。学习是非常个性化的事情，每一个学生的学习目标不完全相同，所以，自测自评是我驱动的最主要的方式，是让学生享受他们学习的自主权以及感受对学习投入的重要策略，也是学生自我发现、自我激励、自我教育的过程性方式。

家长参与。告诉家长学习目标是什么，在哪些地方可以看见学生的进步，比如，作业、报告卡、学习单、学生领导的会议、学生组织的活动等。

展示成果。展示成果是庆祝学习的主要方式，也是体现学习目标是否完成的主要标志。要对展示成果进行评估，分析达到了哪些学习目标，并且要说明是依据什么标准判断的，并让展示成为一种学习、实践、反思、评价的深度学习的终身习惯。

不研究学习的教学

杨向东指出:"在新的观念下,学习越来越被认为与特定社会文化不可分割,与学习者及其所处群体的现实生活和经验不可分割,与学习者的认知和自我、动机、情感、人际互动等不可分割。进入 21 世纪,该领域越来越强调在现实世界或虚拟现实场景下,个体、社会、文化等方面的动态整合和互动,强调整合观下正式和非正式学习环境及课程的创设,关注儿童在解决真实问题和参与真实性实践的过程中认知、情感、社会性、认识论及价值观的发展。近几十年来西方涌现出来的合作学习、项目式学习、问题式学习、抛锚式教学法、认知学徒制、设计学习、创客等新型学习方式,都与这种观念的转型有着深刻的内在联系。"这就必须研究特定的、历史的、教育的社会文化及发展趋势对学习者的从外向里的影响是什么,其深刻程度如何。这就必须研究地域的、组织的、团队的、非正式组织的生活状态和价值期待、文化传统、人才资本认识与运作、教育诉求与个人经验和先前知识结构的关系。这就意味着必须创建整合观下的满足个体发展的基于情境的所有学习方式和系列课程。这就意味着要在充分发挥心智作用的过程中深入发现学习、庆祝学习。这就意味着要关注学生的高级思维,关注学习的批判性思维、创新、沟通、交流与嵌入式的测评体系建设。

研究学习有两个视角:内视和外视。内视关注的是基于大脑的、心理机制与生物机制的对学习的发生、规律、特点、本质、缺陷的认识，外视是基于社会的、结果的反馈机制、人才特质以及社会学习力的现状等。

就学习的形式而言，集体学习比个人学习效果大得多。但是，集体学习是通过参与性分配发生的，所以必须关注公平、责任、协作、意义的商讨与建构、融入共同体、自我概念转变、社会实践中有价值参与者身份的转变等，从这些方面进行突破。

21世纪是需要个人终身学习的时代。所以说，不研究学习的教学永远是隔靴搔痒的、徒劳的，也是对人的最大的不理解和不尊重，是教育衰败的表征。

怎么看待教案

教案，顾名思义就是教师教学的方案，是为了更好地进行学科教育，围绕学生的学习，根据课程标准和教学任务要求、质量标准及学生的实际情况，以课时或课题为单位，对道德伦理、三维目标、教学流程、课程开发和实施、教学方法、训练迁移、拓展学习等进行的具体设计和次序安排。它是建立在合作式的或共享式的集体备课之上的教师共同体创造性劳动的智慧结晶，是教师们教育思想、教育智慧、人才观、教学观、课程观、个性情感、教育经验、教学艺术性和风格的综合体现，是教师的知识产权和知识的所有权的体现。从这个角度来说，教师教育教学的设计不能没有教案，因为"凡事预则立，不预则废"。

几乎学校里最为有争议的问题都集中于如何看待教案的存在形式上。昨天下午，有老师反映：同一个教研组的教师花费巨大"精力和时间"，研制出来了一个电子版的"共案"，还没怎么用，就不让使用了。于是，我想起一件往事。二〇〇二年的春季开学，我下乡检查开学工作，例行查看教师的教案（而不是现在的学案）。有位教师把一学期的课都"备"完了，写了厚厚的四大本，字迹工整，页面干净，有条不紊。我心里甚是"怀疑"这些教案功效的发挥。到底对教师而言，教案意味着什么？完成任务吗？便于检查吗？对学生而言，教案又意味着什么？启迪智慧？学科教学的有效性？还是其他的什么？我让校长请这位教师来办公室"聊天"，从气氛轻松的"聊"中发现教案的形成、教师对教案的认知以及教案对学生学习的作用。结果发现，这位老师在假期闲来无事，为了练习钢笔书法，竟然工整地将教学参考书抄写了一遍，一是为了应付检查，二是平时再也不用每天备教案。

或者这是一个教案形成的缩影，教案显然成了"摆设"，最大的功能被彻底扭曲，成了应对检查的"工具"。为什么会这样呢？思来想去，无非有以下几点：一是我们的评价，特别是行政管理的评价总是侧重于外在"投入—产出"的评价，把教师的教案看成了显性的投入载体，而对教案发挥的功效不管不问，也就是把教师对教育教学的"预设"看成了"投入"的"热度"，变成了教师教学态度的标识。二是行政管理对教师的知识所有权、使用权以及聘任制度缺乏认识。严格按照法理来说，教案是教师知识创造性思维、智慧、经验、艺术性与科学性应用的产物，是教师的知识所有权，教案必须为学生的发展负责，要促进学生对学科的学习和应用，以提高学生的素养、促进全面发展为根本目的。学校聘任教师其实是获得教师的知识使用权，包括工作态度、教育任务的完成、工作时间等，但最为核心的教师在课堂上根据学生的学习状态，不断调整教学策略，促进每个学生的发展却是无法"监控"的，是要坚决依靠教师的"良心"来完成的。这就是我们经常在管理上"失算"的根源。三是评价与改革脱节。课堂革命往往是静悄悄地发生着，特别是自下而上的改革都富于生命力的蕴含创造性，所以，不可避免地具有新颖性、首创性、混沌性、零碎性、首发性等特点。然而，评价却"姗姗来迟"，而且带着"奖罚"的老面孔以老手段来"管理"，既不是促进发展的内部自我评价也不是调动积极性的发展性评价、表现性评价，只是"定量评价"，绩效革命迟迟不能发生。四是在组织中个别"出底线"的行为绑架了大多数努力的人。据一些组织研究的人士发现：一个组织总有百分之五至七的人是组织的"自由骑手"。他们我行我素，公开挑战"规矩"和制度，使得领导者在管理过程中为了"防范"，不得不抓简单而确定的"证据"，于是"一刀切""一把尺子"就成了管理成本最低的选择，至于真正对效率、价值的考虑被"挤"出了管理的考虑范围。所以，鲜有人再去思考教案功效的发挥。五是学校对教育教学改革趋势缺乏敏感性和探索的勇气，要么在评价上墨守成规，要么穿新鞋走老路。比如，当今信息化、全球化、智能化时代的教育是基于合作的教学共同体、实践共同体的协同发展和社会协商的，教案是以学生学习和学习环境设计为中心的任务活动方案，是在学案基础上可以理解的教学设计，必然由任务相关的教师共同体"集体备课"来完成，有共案也有个案，有详案也有简案，有电子的也有纸质的，采用什么"案"是由教师自主研发状况、教师专业化发展状况和学生的学习状态来决定的，而决不是由领导意志来决定的。教案永远都是为了学生发展和教师专业化发展的而非单纯为"管理权威"服务的。

　　我认为，教案中最为核心的是教师是否对学生的学习和课程进行过深层思考。如果非要纳入管理评价的硬指标的话，一看学案，二看教师的思考和认识，三看学生的表现性评价，四看学生的核心素养、学科素养和社会主义核心价值观的落实状态，可以鼓励教师写一定数量的教育教学叙事或课堂实录。给教师减负也是题中应有之义，学校要以章程发挥自主管理。最好的管理状态是"不用扬鞭自奋蹄"，正如老子说，"太上，下知有之；其次，亲之誉之；其次，畏之；其次，侮之"。

声音的意味

声音是有图景的，是集物理、心理、审美、教化、社会于一体的现象，无论是阳春白雪，还是下里巴人。

首先，聆听美妙的自然之声，可忘却身心之役、安神定魄、气通意移、理疗镇痛。陆游诗："解醒不用酒，听雨神自清。治疾不用药，听雨轻自轻。"孔子即使困于陈蔡之间，连饭都吃不上，依然抚琴不已，因为，在孔子看来，音乐是高雅的精神生活，可自观内省、修身养性，所以，"子在齐闻《韶》，三月不知肉味。曰：不图为乐之至于斯。"苏轼《汲江煎茶》："活水还须活火煮，自临钓石取深清。大瓢贮月归春瓮，小杓分江入夜瓶。雪乳已翻煎处脚，松风忽作泻时声。枯肠未易禁三碗，坐听荒城长短更。"品茗听更，参禅悟机，声音捕诱浮躁功利之心的作用巨大！

其次，悦人悦声，溢美之情，滋润出舒适物构置的场景，可谓由人及声、由声及人的浑圆之境。脑科学证明，音乐能提高多巴胺的分泌，所以，产生愉快的感情。《开元天宝遗事》载："念奴者，有姿色，善歌唱，未尝一日离帝左右。每执板当席顾眄，帝谓妃子曰：'此女妖丽，眼色媚人，每啭声歌喉，则声出于朝霞之上。虽钟鼓笙竽嘈杂而莫能遏。'宫妓中帝之钟爱也。"辛弃疾："明月别枝惊鹊，清风半夜鸣蝉。稻花香里说丰年，听取蛙声一片。"《南齐书·孔稚珪传》:"门庭之内,草莱不剪,中有蛙鸣,或问之曰:欲为陈蕃乎?稚珪笑曰:我以此当两部鼓吹,何必期效仲举。"孔稚珪颇有魏晋名士风度。

第三,声音唤起记忆和情感,产生共情、同理之心。最为著名的就是白居易《琵琶行》的诗句:"千呼万唤始出来,犹抱琵琶半遮面。转轴拨弦三两声,未成曲调先有情。弦弦掩抑声声思,似诉平生不得志。低眉信手续续弹,说尽心中无限事。轻拢慢捻抹复挑,初为《霓裳》后《六幺》。("六幺"一作"绿腰")大弦嘈嘈如急雨,小弦切切如私语。嘈嘈切切错杂弹,大珠小珠落玉盘。间关莺语花底滑,幽咽泉流冰下难。冰泉冷涩弦凝绝,凝绝不通声暂歇。("暂歇"一作"渐歇")别有幽愁暗恨生,此时无声胜有声。银瓶乍破水浆迸,铁骑突出刀枪鸣。曲终收拨当心画,四弦一声如裂帛。东船西舫悄无言,唯见江心秋月白。""我闻琵琶已叹息,又闻此语重唧唧。同是天涯沦落人,相逢何必曾相识!"命运的相似是共情、同理的基础因而产生惺惺相惜之感。

第四,声音可与视觉结合起来,产生隐喻和象,构成场景,变为舒适物,形成恋地情结,涌现出浓郁的场所精神,成为城市魅力。英国的声音艺术家彼得·科萨克因担忧全球化发展危及声音的地方特色和多元化,而发起"你最喜爱的伦敦声音"活动。他身体力行地引导伦敦居民对城市声音进行主动观察和体验,以唤醒民众从个体的听觉体验去思考人与环境、城市与声音、发展与生态的关系。教化意图不言而喻。

第五,声音可以唤起人们对于重量、速度和空间关系的联想,穿越时空,穿透感觉,穿越意义世界,人们通过辨别声音信息可以获得更多的信息。法国著名哲学家梅洛·庞蒂:"从鸟儿飞离引起的树枝摇动中,我们得知树枝的柔韧或弹性。我们有理由谈论柔软的、苍白的、生硬的声音……"计成《园冶》:"夜雨芭蕉,似杂鲛人之泣泪;晓风杨柳,若翻蛮女之纤腰。"苏州园林楹联:"卧石听涛满杉松色,开门看雨一片蕉声。""卧石听涛,满山松色;开门看雨,一片蕉声。"清代郑板桥《咏芭蕉》:"芭蕉叶叶为多情,一叶才舒一叶生。自是相思抽不尽,却教风雨怨秋声。"而梧桐夜雨声更是沉重!唐朝温庭筠《更漏子·玉香炉》:"玉炉香,红蜡泪,偏照画堂秋思。眉翠薄,鬓云残,夜长衾枕寒。梧桐树,三更雨,不道离情正苦。一叶叶,一声声,空阶滴到明。"李清照听声托物言情就更加凄苦,动人心扉!从"昨夜风疏雨骤"到"梧桐更兼细雨,到黄昏、点点滴滴。这次第,怎一个愁字了得!"无不是以声传声,以声表意的。能听得生命之音，才能赋予生命以价值。

善听者知弦外之音，非用耳，而是用心在聆听。《乐记》："是故审声以知音，审音以知乐，审乐以知政，而治道备矣。"《书·胤征》："每岁孟春，遒人以木铎徇于路。"《三国志·蜀志·郤正传》："故矇瞽瞽说，时有攸献，譬遒人之有采于市閒，游童之吟咏乎疆畔，庶以增广福祥，输力规諫。"伏尔泰说：耳朵是通向心灵的路。"问题就是时代的声音"，在时代声音里，凝结民生期盼、民声所愿、民心所向。善于聆听时代声音，寻找社会发展的基本方向，把握历史前行的未来趋势是治理社会的大智慧！

"大音希声"，"善聆音，能察理，知前后，万物皆明"。善识天、地、人籁之声，方能说识人识相，聆听到了时代之音，才能与时俱进、终身虚怀进学，做一个彻悟智慧之人！真正的成功者善于聆听，他们的谦虚来自高度的自信。而那些掩耳盗铃、自命不凡、自恋自圣者，多是心胸狭隘、闭目塞听之人！

音乐是独特的"激活"姿态

我记得小时候大人们打夯时的劳动号子、坐在地垄上用两个小棍打"拨拉"的节奏,这些都与音乐有关。先秦时期的诗歌"断竹,续竹,飞土,逐肉"就可能是团队协作打猎时的音乐口号。小时候,我学口琴,不成,学板胡,无果,自学的能力很差,自己总是一个音乐的"门外汉",这也是人生的缺憾。上大学时我只唱会了一首《外婆的澎湖湾》。一九八四年当了老师之后,时代越来越开放,我才听到了肖邦、柴可夫斯基、德彪西、阿炳……后来,我学会了诗文"吟诵",专门教会学生们传播中国传统最美读书声,在"吟诵浅唱"中品味读书的快乐,汲取精神养料。音乐是没有国界的"语言",它净化心灵、丰富精神、提升素养,是自我管理、自我超越的"旋律"。

《礼记·乐记》:"凡音之起,由人心生也。人心之动,物使之然也。感于物而动,故形于声。声相应,故生变。变成方谓之音。比音而乐之,及干戚羽旄,谓之乐。乐者,音之所由生也,其本在人心之感于物也。是故其哀心感者,其声焦以杀;其乐心感者,其声啴以缓;其喜心感者,其声发以散;其怒心感者,其声粗以厉;其敬心感者,其声直以廉;其爱心感者,其声和以柔。六者非性也,感于物而后动。是故先王慎所以感之者。故礼以道其志,乐以和其声,政以一其行,刑以防其奸。礼乐刑政,其极一也,所以同民心而出治道也。"音乐来自心灵的深处的"震动",是有感而发。"哀心"则"焦以杀";"乐心"则"啴以缓";"喜心"则"发以散";"怒心"则"粗以厉";"敬心"则"直以廉";"爱心"则"和以柔"。人有七情六欲,通过"音符""节奏""旋律"将其表达出来,这是人性使然。所以说,音乐是人的"比喻性表述",是基于"情感的理性方式"。于是,孔子"闻《韶》,三月而不知肉味",即使是"困于陈蔡之间",依然弹琴不止。《乐记》还将"乐"与"礼"结合,以达到"同民心而出治道",这是将音乐当成了统一人们思想和情感、达成理想治理国家目的的强大"思想武器"。从历史状况来看,的确如此!国歌、军歌、战歌、元首之歌、新时代之歌、校歌、班歌等皆是如此。

爱好音乐是人的天性之一,因为人总是在趋利避害,追求幸福快乐。于是,在具体的教育实践中利用"音乐"来提高学生的审美能力,在审美中领悟到艺术的表现力和感染力,感悟人的生命律动,从而珍爱生命、成全生命就是一种"策略",即特殊的"管理策略"。首先,学校和每个班级每学期都将"歌唱与表演"纳入工作计划中,系统规划,充分落实,除了每年举办"艺术节"来整体"鉴赏与评估"之外,还要开展形式多样、内容多彩的"才艺展示"活动,让每个学生参与进来,有"才艺"可"展示"。其次,为了提振精神,每天饱含激情、意气风发,让每个班的师生都唱军歌。其铿锵有力的节奏和高亢激昂的旋律可以使得学生的精神面貌焕然一新。第三,每人抄写自己喜欢的歌词十首,并写出"推荐理由",与同学进行交流和互唱,可以"旧曲填新词",可以改谱新唱,最好是自己谱曲填词,大胆创作。第四,按照规定,在大型集会和活动前,都要唱国歌、校歌等,使歌唱成为常态,让音乐成为素养,让声音传播精神品相。第五,创造条件,成立管弦乐团,让严肃、高雅的艺术走进学生心灵世界。第六,利用课间、课外活动、课前等播放音乐,让学生感受音乐,走进动人优美的情感世界。研究证明:边听音乐边学习,学习效率并不高,而学习前的头脑"入静"更有利于学习。第六,每天安排学生根据自己的艺术特长自由表演,可长可短,只要能表现音乐的艺术力就行。事实证明:谁高效管理了自己的"情感"或"情绪生活",谁就是自我教育的"王者",谁就在艺术的殿堂里优先获得了优雅、高贵与典雅!

音乐是"灵魂的语言",是心灵的表现,是创造,是改善人类心灵的流动的力量。

让学生爱上音乐，让音乐伴随学生的一生。

校园里应该永远有歌声、笑声、掌声，这样人的教育生活才是幸福的、有价值的。

为了过有价值的生活，让我们一起相约音乐吧。

我眼中的体育

我约略从十岁就开始爬山，或许从爬山中获得了毅力和耐心，总有一股不达目的不罢休的精神。后来读《论语》，我才知道有"士不可以不弘毅，任重而道远。仁以为己任，不亦重乎？死而后已，不亦远乎？"的句子。担负着责任和使命，就得前行！上高中的时候，我经常观看篮球比赛，如痴如醉。有一次，我从单杠上摔下来，伤了头，头疼了很久，也没有看医，慢慢也就好了。

人的愚笨就是很少发现自己，所以学业成绩也是一般般。发现自己有运动优势是刚刚进入大学的国庆节前的秋季运动会，因我有事提前回家，体育委员替我做主报了五千米和一万米两个项目。因为，这两个项目主动报名的少，让我"滥竽充数"而已。没想到我在两个项目上都获得了亚军，并且被选拔进了学校田径队。在后来的一年中，我每天下午训练，成绩慢慢提升，获得了地区大学生运动会的亚军。从此，我有事没事地跑来跑去，运动也成了自我励志的活动，特别是长跑，把终点权当起点才不至于摔跤栽倒。

工作之后，我在学校倡导"一人一体育技能"，把体育作为学校工作的重点，以体育带动其他工作。学校不仅有体育节，还有各种自主选择的、群体性体育活动和社团。

体育是身体健康的保障。英国教育家洛克说："我们要工作，要有幸福，必须先有健康；我们要能忍耐劳苦，要在世界上做个人物，也必须先有强健的体格。"古代希腊斯巴达的教育突出体育是战争中救亡图存的需要，马拉松长跑比赛诞生于古希腊不足为怪。体育运动既能提升人的思维和精神力，也能抵抗、预防疾病。体育的根本目的就是为了生命更加美好。

湖南师范大学的刘铁芳在其《追寻生命的整全：个体成人的教育哲学阐释》中说道："体育所要指向的个人身体决不仅仅是作为个体发展的物质基础，身体在体育活动过程中所展现、孕育的健康、力量、和谐、优美同时是精神性的。发达的体育所孕育的健康、力量、和谐、优美，直接地就是一种积极的生命态度，并成为个体欲求更高事物的生气勃勃的基础性生命状态。"成功的教育就是促进生命达到理想的状态，有价值的自足性。所有的体育精神都体现了这一价值和指归。

我们如何对待自己的身体，体现了我们的生活态度和对人性美好的追求，这也是教育的目的。

五、学校环境篇

参观小学所感

我去一所小学参观,因空间受限,小学建筑精致,四合院式的四层,天井状,透亮温暖。巴什拉说:家是培养梦想的地方,是灵魂的居所,梦想可以自我增殖。学校当然也不例外,学校应该是有温度、有梦想、有高度的地方,所有的建筑、空域、植物、地面甚至是空气都是鲜活的、充满生命力的。让不能说话的都站起来说话,这就是文化,文化是撞击人灵魂的软实力。

文化是高的管理,也是最好的教育。学校是靠思想强大的,没有思想的学校只能是技术场。学校哲学就是把如何发展师生、创造师生、让师生自我创造作为核心来经营人心的。

人的成长最为关键期是三岁左右至十三岁左右,小学之于人的一生发展都特别重要。美国当代哲学家、儿童哲学的开创者及先锋人物马修斯认为:"将儿童看作探究伙伴来尊重。父母和教师要担当养育、指导、安抚和激励儿童的重任,他们深知自己肩上重担的分量,以至于无法赏识儿童对成人的贡献。儿童给予我们最激动人心的事情之一便是崭新的哲学视野。"小学的一切工作都必须站在儿童的立场、思维和视角去审视和精致地安排,让他们处于优雅打开状态去梦想和健康成长,不能完全用成人的思想意识来设计儿童甚至束缚儿童的天性。所以,文化领导必须要站位高,从人的一生成长来思考。

参观到二楼，我见到一位年轻老师"监督"学生写作业。我俯下身小声问一名男孩："写啥？""抄写。""握笔舒服吗？""舒服。"又与老师交流，我问："对于五年级学生怎么教识字？"老师说："教他们读，然后写，再然后回家写，家长签字，第二天再检查。"我说："能不能开发成课程？"老师一脸茫然。我说教育部已经规定小学识字可先识字后拼音了，若是把汉字教学开发成微课程，对培养学生艺术修养、开拓思维、融合式学习有特别的意义。课程是学校工作中的核心，它是滋润生命成长的东西。

　　到洗手间门口，准备看看厕所文化，抬头一看是女性的，便止住了脚步。我与学校的人交流了隐性教育的问题。

　　书法教室里虽然有些乱，但孩子们都会在盘腿坐后书写。我眼前一亮，脑袋里突然闪出王阳明的"以默坐澄心为学"的句子，便与学校的人交谈学习时的大脑闪现的感悟。课前的"入静"对提升学习的有效性特别重要，贵在坚持。

　　在教师办公室里有与书法教室一样的装凳子，我便问老师："你也坐吗？"老师摇了摇头。我想，师贵在"范"上，身教重于言教，做人师比做经师重要一万倍。

美丽图书馆

这两天观察书香校园的行程中,我去得最多的地方是图书馆、阅览室。

阿根廷国立图书馆馆长博尔赫斯说:"如果有天堂,天堂一定是图书馆的模样。"人在日常生活中灵魂穿梭在纷繁复杂的"事物"之中,而不得安宁,流浪在世俗之中。我突然想起了这样一句话,图书馆是最温馨、最美丽、最令人驻足的地方,是灵魂居住的地方!因为分享是人类的天性。英国学者邓巴甚至提出,人类发展语言的动力是要交流社会信息,不是为了通知别人哪里可以找到食物,或协调狩猎活动,因为使用语言能高效地维系社会纽带,进而扩大群体规模(也能提高群体安全)。

这两天"拜访"(用这个词是表示敬畏,孔子说:"君子有三畏,畏天命,畏大人,畏圣人之言。")图书馆,令人高兴的是图书种类繁多、数量可观;令人遗憾的是很多图书要么落满尘埃,要么崭新排列;可憎的是把名著搞成检索本,整整齐齐地排列在那儿,无人问津;可忧的是读物的质量和内容是否符合不同学生的不同需求,师生共读和主题阅读教学是否空中楼阁。

在一所学校的图书馆里,我看到了很多捐赠的图书,地上是厚厚的一层尘土,好像很久没有人到访过。我问在场的一个老师:"学生经常来吗?"他说:"来。"我不能再说什么,我知道学生没有来,也不可能在这里舒心地阅读。老师违心地说假话，其实对自己是一种伤害，对别人更是一种贬损！我又来到阅览室。空旷的阅览室里，摆放了一些简单的桌椅，有几橱书，都是大学淘汰下来的书，书皮破烂不堪，且大部分内容不符合初中生阅读需求，令人心中不快！我用手在桌上抹了一下，尘埃"厚实"。我又问阅览室管理人员："学生什么时候来阅览室读书？"她说："经常来呀。"我知道她是迫于检查而说出不实之词，因为她没有告诉我是什么时间来，更不能确定是什么样的学生来，桌子上厚实的尘埃能够说明一切。

纸质图书阅读受到挑战，这也是现实。因为人们阅读的方式、阅读媒介发生了革命。从莎草纸到互联网，人类的阅读媒介发展了 2000 多年。每次媒介发生重大革命，社会必然发生转型。现在是互联网、自媒体的信息时代，学生的阅读更加自由多样，但也面临着浮躁、肤浅、浅思考甚至不思考的问题。信息泛滥，使人迷失了方向，阅读成了简单的点击，甚至成了心理消遣的庸俗化生活方式。从教育内部看，过于偏向知识教育和功利化的考试使学生没有过多的时间阅读也是个大问题。

教育需要面对现实，尤其是学生学习方式转变的现实。面对现实，及时调整，积极应对，这才是正确的抉择！给学生以足够的阅读时空是首要的。传统阅读不能"弃之如敝屣"！因为教育是慢的艺术，深阅读是涵养性情、成全生命的过程。

愿图书馆美丽，阅读美好；一生阅读，诗意地栖居。

3. 美好际遇

长沙博才小学的大门口有一组展现儿童精神状态和心理情趣的雕塑，令人赞叹并使人思考教育的"际遇"。阅读室兼会议探究室门口还有一句话——"最美的遇见都是偶然"。其实，偶然遇见的总是新颖和令人惊异的，也是最美的，哲学、科学、美学、艺术、教育的魅力由此开启。教科书是师生际遇发生的主要媒介之一，学校是教育际遇的场景和时空。

胡塞尔坚信确定性只存在于即时的和集中的际遇中。量子力学证明，际遇是互相看见时发出的塌缩和无论时空的纠缠态。美国学者休伯纳认为："际遇就是际遇。在际遇之中就是生活的本质。在际遇之中，生活被揭示或体验。学生不被看作是一个客体（而是他者），一个'它'（it）；而是被看作是人类的伙伴，另一个主体，一个'你'（thou），他生活在现在时刻或永远在现在的丰富性之中。从伦理的角度看，教育者际遇学生，不是作为具体化的角色和次要的范畴，而是作为人类的伙伴，需要基于友爱来接受他，而不仅仅基于平等……教育活动的丰富性全在于此，即学生的互动际遇、与他们周围的世界和教师际遇。"际遇中发现新奇，产生探究、冒险、延异、解释。际遇是一系列事件。教育既要研究事实又要关涉思想观念，可以说，际遇是教育的大好时机，在某一时间观察儿童际遇世界来鼓励儿童是正确的教育之道，聚焦儿童的种种"际遇"

并理解儿童是教育的前提条件,我们必须基于儿童的眼光、从儿童的视角去看待世界和关系,这样才能发现儿童并真正地理解儿童、发展儿童。最为重要的就是通过营造良好的互动、协商氛围并利用丰富多彩的活动来促成"共同的际遇",让儿童在互帮互学中碰撞看法、做法和想法,从而主动接受挑战,切肤体验学习,享受自我的经验和胜任力。

用费希特的视角来看,主体与另一个主体相遇的方式,是对一种"要求"的知觉:一个个体,他迄今为止都是以反思的方式看待他与被他处理的客体之间的关系,却突然体验到自己"被要求",于是他就在一瞬间可以确定,自己是某种话语的接收者。显然,我们首先要回到内在,反思交往性要求及其道德性、动机、尊重等,而且要将此视为一种"邀请",要平等(打破自恋)、自愿、自主地"回应",互相尊重。黑格尔认为:"单方面的行动不会有什么用处的,因为事情的发生只有通过双方面才能促成的。"这意味着要限制自己,改变自我理解,将对方看作是自由存在的。显然,我们必须理解自己与学生的关系性质及发展预期,与学生平等相待、相互尊重、相互倾听(把自己投入到听见什么中,是互动性沟通能否尊重性理解的关键)、建立信任。良好的关系是成功实施教育教学的基础。

师生关系是两个主体被制度规范给定、被文化赋予的权益关系,双方必须互相基于一种特殊形式的尊重,因为他们是群体里发生的对各自活动领域内需要遵守的规范具有依赖性、互创性、发展性的自为、自在的主体。师生关系是充满着美好期待的相遇、相长。所以,双方各自需要解释、表达,通过承认性对话和任务的完成理解并构成互动的、自发性信任的、互相赋予的增值关系,而非简单的服务与购买或单纯的技能性的业缘关系。

马丁·布伯指出,当"我"完全沉入与"他者"的"相遇"(Meeting)中与其保持一种真正的对话之时,"我"与"你"才能够真正相遇。在布伯看来,"我-你"关系具有"开放性""直接性""相互性"和"在场"的特点。它可以存在于人与人之间。他说:"与'你'的关系是直接的,在'我'与'你'之间不存在任何术语,不存在任何前见,不存在任何想象,并且记忆本身也改变了,因为它从单一性变成了整体性。在'我'与'你'之间,没有任何目的,没有任何贪婪和期望,并且渴望本身也改变了,因为它从梦想变成了现实,所有手段都是障碍,只有在所有手段都不存在的地方,才会有相遇发生。""相遇"是在互相给予爱的地方才会真正发生，人与人之间互相理解、浸润、激发是爱的光辉、人性的温暖，这是教育的首要原则。孔子说："己欲立而立人，己欲达而达人。"学者青木认为，"受过教育的人首先可以理解这一点：一个人的认知、思维和行为方式源于他是谁。这样的人知道一个真实的人不只是一个个体、他或她的独立存在，而是一个与其他人在一起的关系存在，他因而在本质上是一个伦理存在。"学会际遇中的高品质、高内涵相处、共建是教育的最为重要的社会情感学习"向量"。

际遇是不期而遇的，同时，又是必然相遇的，比如，师生关系的诞生。相遇也可能是"绝对的孤独"。法国思想家德勒兹指出："当你们工作时，你们注定要陷入绝对的孤独。你们不能开宗立派，也不是某个流派的一部分。只有夜间秘密进行的工作。不过这是一种极其拥挤的孤独。没有充满梦和幻象，也没有充满计划，而是充满相遇。相遇可能与生成或者联姻是一回事。正是在这一孤独的背景中，你们才能实现任何一种相遇。你们与不同的人相遇（而且有时没有认出他们，也从未见到他们），当然还与运动、观念、事件、实体相遇。"一旦相遇，形成关系，便产生意义，这是教育现象学的存在，需要回到事物本身，描述、感知、解释、构建、悬置……或许来自际遇主体的意义被索绪尔（瑞士结构主义语言学家）的语言系统限制、划分和条件化，最终被建构。

荷兰学者格特·比斯塔认同法国学者列维纳斯的"意指"：处于文化之前和伦理之内。他指出："因此，列维纳斯所要提出的是，意指不是'自我的首个实在'，换句话说，我们不应该把自己设想为理性建构型的动物或学习者，而是意指只有在与别人的遭遇中才会'讲得通'。对列维纳斯而言，这种遭遇从根本上讲是伦理遭遇，就是说在这种遭遇中，有'利害攸关'的事物，即在其中我的主体状态，我作为主体而存在，这是'利害攸关'的。"作为主体一定是敞开的、走向他者的主体之间的对话、表达、理解、尊重和建构，是"开口中的开口"。

相遇一定是在一定的场域和情境中的际遇。遇见什么样的人和环境是至关重要的，"近朱者赤，近墨者黑"，圈子（共同体）里的人的素质、追求、品位、思想、格局、文化等决定了境界的高低。教育作为一个场域，是由各方利益群体构成的共同体。所以，际遇之后的重要构建是平等对话和合作，是对话教育学。弗莱雷把对话视为人与人之间的接触和相遇，以世界为中介，再进而去命名指定这个世界。对话的本质是探索性的,在对话的过程中,我们可以不断地为对话赋予新的意义,同时发现更好的对话之道。对话的本质就是学习。英国学者伯姆指称:"对话并不仅仅局限于两人之间,它可以在任何数量的人之中进行。甚至就一个人来说,只要他保持对话的思维与精髓,也可以与自己进行对话。这样来理解对话就意味着对话仿佛是一种流淌于人们之间的意义溪流,它使所有对话者能够参与和分享这一意义之溪,并因此能够在群体中萌生新的理解和共识。"布佰利斯认为参与性、承诺性、互惠性是对话的三个基本原则。真正意义上的对话,代表着师生沟通的最高境界,挑战我们对知识的与学习的传统认识,要求我们依据对话的基本形态和价值观来审视教育的转换——首先,尊重学生、平等对话与沟通并通过指导进而使学生形成对话的能力。其次,合作探究、积极互动,构建学习共同体,学会倾听与欣赏。再次,转变学习观念,在体验学习过程中参悟学习,多视角思考,跨学科对话。任何真正意义上的教育场域何尝不是美好际遇中的精神邂逅呢?

没有际遇,就不可能有现场的直接关系。由此,史密斯认为教师要重新塑造生活方式和语言形式,以"更合适的方式"即时融入儿童的生活,才能正确引领。学习发生在当下的际遇对象、关系和意义增殖之中。

《周易·姤·象》:"天地相遇,品物咸章也。刚遇中正,天下大行也。"无遇则不行,构不成关系力量,也不得致远;无遇则万物不成万物。"大德曰生"是教育的旨归,"天下大行"是际遇后教育昌盛之最美姿态!

学校学习空间谈

　　学校学习空间是学校空间学的重要内容。上海对学习空间的改造和创设、山东青岛的新型学习空间的学校以及浙江温州的学习空间建设的培训,使人想到欧洲和日本的学校学习空间的建设都与儿童的天性、游戏、创造、探索、活动连接,表达着诱发爱欲、学会照顾自己、激发梦想、开动脑筋、交流合作、规则认同等,是利用环境和舒适物以爱育爱、以善劝善、以美成美。学校所有的空间都是教育道德浸润下的维护学生最大利益和权利的学习空间。

　　要让学生眷恋学校,从物质形态来讲,学校的景观、空间、建筑、场所、路径、声音、色彩、植物等必须让学生产生愉悦的感觉和认同的情感,认为学校是世界上最美丽的花园,从而更好地体验生活和愉悦学习。当然学校不完全是"物集结的世界",而是让人更好地进行"定居",即诗意地栖居,是安放灵魂的美丽地方,这与亲人、老师、朋友、伙伴、爱高度相关。就建筑而言,建筑大师柯布西耶说:"建筑的目的在于感动我们。当作品借着服从、体会和尊重宇宙法则将我们环抱时,建筑情感便存在其中。"也就是说,建筑借助"启发性技术"和场所精神让人产生情境感、方向感、认同感、存在感。

　　然而,首先,社会经济条件限制了空间的创造,不能使有意义的场所体现自身的诱发力量。其次,对学习空间功能、景观场所精神理解不够,学校建筑观念陈旧落后，只是生活空间而非学习空间。再次，设计者不懂教育，懂教育的不懂设计。众所周知，由于新中国成立后长期的计划经济模式下的模式化管理和近年来城市化、现代化中过分追求工业效率标准的大生产，很多学校的学习空间建设建筑风格日趋同质化，缺乏有个性的、富含教育性的建筑空间。最后，严重缺乏场所精神。因此，教育空间建设、景观布置、学习场景、学校建筑面临巨大的挑战。

从学习心理学的角度来看，要让学生产生心流就必须创建理想的学习空间和场景以及场所精神。而场所精神是我们所依赖的、在心理感受上是"好的"的关系。挪威学者诺伯舒兹在其《场所精神：迈向建筑现象学》中指出："根据罗马人的信仰，每一种'独立的'本体都有自己的灵魂，守护神灵赋予人和场所生命，自生至死伴随人和场所，同时决定了他们的特性和本质。"人在场所产生方向感和认同感，追求高品质的环境，就是让人避免产生失落感，能够达到好的环境意义上的空间结构。

以英国著名物理化学家、哲学家波兰尼为代表的思想家从20世纪40年代起对人类知识的持续深入研究。他们发现在知识领域存在不少不确定的、难以用明确方式表达的知识，即默会知识，并提出了默会知识的经典命题——"我们知道的比我们能够说出的多"。默会知识对学校教育和儿童学习而言有多方面的哲学价值，表现在：第一，默会知识本质上是一种理解，是领会、把握经验与重组经验。而完全说教式的知识传递从知识的默会性视角看着是不可思议的。第二，默会知识和显性知识相互作用，显性知识依赖于默会知识。学生的经验是认知的前提，也是重要的课程资源。教学过程就是意义的协商过程。第三，凸显人的主体性。默会知识论为以学习者为中心的学习环境构建提供了一个独特的认识论支持，实现了与建构主义认识论的汇通。第四，默会知识具有显著的"情景性和文化性"。真正的学习一定是发生在特定情境之中的，与学习者所处的社会生活实践密切相关，是内隐学习。所以，学校里的建筑、开放空间安排、雕塑、绘画、一草一木均要促进学生默会学习的发生和激发丰富的想象力。

就人的学习而论，它是发生在主体与环境之间的、以特殊的活动为中介的发展过程。这种特殊的活动分为两种形式，即外周活动与中枢活动。认知是一个由顺应和同化组成的动态图式。布莱恩·劳森认为，环境由空间、它周围的环境、意义、人以及他们的活动组成。伦敦大学学院建筑史博士汤姆·威尔金森在其《砖石之道：建筑改变人类生活》中指出："人们现在普遍认同，学校建筑可以改变学生的行为，例如通过改善共享空间、提供安静的自习区来帮助学生静下心来学习。"周崐在其《适应教育发展的中小学建筑设计研究》一书中也说："一方面是建筑实体组织营造了空间，其内部空间、围合空间的物体能够激发或禁止不同的行为，另一方面人的心理变化对空间的大小、组织方式提出新的要求，从而改变空间的功能。教学方式的改变，势必对教学环境提出新的要求。"目前中小学课程类型有基础课、选修课、综合课、活动课程、校本课程。发展综合课程，开设活动课程，开展研究性学习、主题学习、深度学习、智能化、项目制是基本趋势。根据美国普拉卡什·奈尔的整理，目前流行20种学习形式：自主学习、同伴辅导、和老师一对一教与学、讲座、团队合作、基于项目的学习、远程学习、通过移动科技学习、学生展示、基于网络的研究、探讨型教学、基于表演的学习、跨学科学习、自然主义学习、基于艺术的学习、社交情感学习、基于设计的学习、讲故事、团队学习与授课、游戏与移动学习。所以，学校建筑应充分考虑课程对学习情境的创设要求以及不同课程对学习方法的不同要求，应关注课程的丰富性，体现师生关系的平等性、对人性的关怀、适合脑的学习、新的教育改革理念等，融安全、教育、实用、审美、自然为一体。新的教学方式诸如问题教学法、暗示教学法、探究—研讨教学法、发现教学法、掌握学习教学法、案例教学法、"纲要信号"图示教学法、程序教学法、情境教学法等对教学环境有不同的诉求。比如，在开放式的探究学习中，图书馆的作用日益凸显。教室必须是多功能的、可变的、大小不一的、延伸的以及与其他学习空间相联的，必须是由实施课程的方式和教学方式来决定的。即使是教室里的学生座位的变化也要显示教育思想的转变。所以，教育建筑和教学空间的安排就显得尤为重要，要体现教育思想和教学理论。

杜威提出理想中的教学空间一层中心是图书馆，围绕它的分别是工厂、纺织工厂、餐厅或厨房；二层有物理化学实验室、生物实验室、艺术教室、音乐教室、厨房和染纺织工厂，与家庭紧密联系。在这里，学生可以选择只用厨房与校园公园乡村紧密联系，学生可以充分接近自然，而工厂是技术学校的研究实验室，有图书馆、博物馆。学校里每一个地方都表现出自由和不受约束，除了会议室和图书馆，这里没有桌子和固定的椅子，学生可以坐在他真正喜欢的地方，他们可以扭动四肢，可以变换位置。如果不干扰同伴，他们在课堂或其他任何地方都可以互相交谈，甚至可以从一个地方转移到另一个地方。这些无不体现杜威的"在做中学""生活化"的教育思想主张。

影响学校形象的建筑要素有平面布局、层数、屋顶、门、窗、颜色的。平面布局分为分散式、分区式；屋顶分为平顶、坡顶、异形。不同的色彩会给人不同的感觉，让人产生不同的联想。研究证明，色彩对人的认知有巨大的影响。让一组受试的儿童在喜欢的色彩环境中玩积木，另一组受试儿童在普通色彩环境中玩耍，6个月后发现前者的智商超过后者18，18个月后，前者智商超过后者25，另外前者的情绪反应（如友好、微笑等）增加53%。另外，阳光能否通过门窗进入室内也影响人的情绪和阅读、解题速度。一九九九年，美国调查阳光与学习的关系，阳光充足的教室里的学生与阳光不足的相比，前者阅读快26%，解题快20%。所以，利用学生所喜欢的颜色进行设计会有良好的效果，给学生不同的心理感受，要运用色彩规律营造空间。

理想化的学校建筑，应当有利于学生的身体健康发展，能够给学生带来一个安全的成长环境，能够满足不同学生多样化与个性化的需要，能够为学生创设一个和谐融洽的人际交往环境，能够激发学生的学习热情，并增加其学习的主动参与度，确保学生使用教学基础设施的便利性并能很容易地适应学习环境，能够融入学校所在地方的文化特色并充分体现校园文化精神和学校独特的办学理念，能够为学校在未来发展中潜在的基础设施拓展和调整留有一定的空间，能够融入并体现环保及社会经济的可持续发展理念，等等。学校建筑集中体现在空间布置、选材、色彩搭配等多方面。

邵兴江在《学校建筑：教育意蕴与文化价值》中倡导"有个性的学校建筑"，它的意义在于：有利于重建学校文化或巩固特色教育文化和课程文化，凸显特色的学校文化形象及增强品牌认同，为学校实施优质教育创造条件，使个性文化得到最大辐射。美国学校建筑学者提出21世纪的学校需要遵从10项重要的设计理念：①便利的教室；②弹性的学习环境；③弹性的教学科技区；④一般的实验室模式；⑤社区和学校的整合；⑥真实世界的校园；⑦学校是社区的资源；⑧校中有校；⑨教学科技的整合；⑩教学空间的转换。在2000年美国新社区学校建筑作品评选中，评审委员会提出了11项评价指标：①社区化；②耐久性；③教育环境；④弹性；⑤激励性；⑥景观；⑦前瞻性；⑧参与性；⑨安全性；⑩科技性；⑪价值性。奈尔提出成功学校的设计应遵循4个标准：宾至如归（安全、滋养人、鼓励大家成为好公民）、多功能性（灵巧的、个性化的）、支持各种具体的学习活动（多个学习场景）、传递积极的信息（关于身份和行为）；其设计原则应该支持的6个教育策略：以学生为中心的学习、教师合作、积极的校园氛围、科技集成、灵活的时间安排、与环境社区和全球网络的连接。我们应该积极创建学习型教学楼和非正式学习的"第三空间"，将教室转变为学习工作室和小型学习社区，拒绝泰勒式的工业模型。

学校是学园，是世界上最美丽的场景花园。花园的哲学意蕴丰富而深远。花园不仅可以让人愉悦，还是师法自然的奥秘之地，需要人们在关注、关联中深入学习典范。面对自然，一种是增魅的表达者，如柏拉图、犬儒主义者、阿奎那、布鲁诺、托马斯·康帕内拉等；一种是祛魅的表达，即用数学方法来表达，如哥白尼、牛顿、爱因斯坦等。魅力是不断被人文地理、宗教、人文哲学、几何学、场景学和科学发现所激发的想象力、哲学传递、自然理性，是对世尘的净化和超越！花园为人类提供安慰、畅想幸福和内在感受的力量。从人的角度来看，一切幸福的价值理由取决于人自己，正如皮科·德拉米兰多拉所说："不是天上的，不是地上的……不是凡人的，也不是不朽的，你自己，才是你自己的塑造者和雕刻者，按照你的喜好和尊严，缔造你喜欢的样子。你可以堕落成牲畜；你也可以做神圣的事情。这都由你决定。"花园是思想和情感穿越的地方！法国哲学家米歇尔·福柯说："花园是世界上最小的地方，但从另一个方面来说，它又是整个世界。从遥远的古代开始，花园就是一种普遍存在的幸福异托邦。"约翰·迪克逊·亨特说得更加直接："花园的抱负就是在它的内部展现出世界，而根据我们的判断，它能够实现这一点（第三自然）。"

由此，校园里的植物选择必须从学校园艺学的角度去思考。我们要从美学、药学、文学、文化、生活、生态、科普、教育等角度去对待植物。几乎所有的植物都会启人的智慧，因此校园里的植物是跨界学习的课程内容。学校绿艺要围绕绿化、美化、象征化不断改造，使植被配置的教育价值、课程意识、学科文化、学习场景得到充分的重视和应有的开发。植物的选择与种植应该坚持地域性、多样性、差别化，常绿与落叶搭配，乔灌相间，疏密有致。我们的校园里有芍药、玫瑰、丁香、玉兰、红花槐、山荆子、七里香、杜仲、杜鹃、桃、李、松、樱花、大丽花、棠棣、菊花等三十多种花。每当一种花开的时候，我们让学生以"我发现了校园里的美"为题自主跨界学习。比如桃花开，学生们以社团的形式开展活动，涉及的学科有植物、诗词、美术、歌舞、戏曲、历史、中医、土壤、气候、生物、园艺等。

　　师法自然是最好的学习之道。英国自然主义的花园也是教育发生的地方。自然是集结的"软魅力"，自然之物使得人能"进入其中"，建立关联，使场所变得有意味或"神圣"或"灵性"。诺伯舒兹认为："一般对自然环境的理解来自视自然为各种生活'力量'的原始体验。世界被体验为'你'而非'它'。因此人们被植入自然之中，依赖着自然的力量。随着人的心智能力的成长，从掌握这些扩散的品质开始，变得有更明确的体验，理解整体中的要素及其相互间的关系。"最新的研究表明：有多动症的孩子与自然接触后能够更好地集中注意力；在多种自然环境中玩耍，可以减少并消除校园欺凌现象；大自然帮助孩子们发展观察力和创造力，并渗透了对和平及与世界成为一体的感知；在自然世界早期的经历与想象力和好奇心的发展积极地联系在一起；好奇是毕生学习的一个重要激发因素；在自然中玩耍的孩子们对彼此有更积极的感情；孩子们户外时间的减少正导致发达国家近视率的上升；户外环境对孩子们独立性和自主性的发展是重要的。

　　花园里蕴藏着丰富多样的学习资源和学习主题。

学习的环境疗法

环境疗法是指作为一种适应性的环境生活,对病人采取医疗、饮食、沐浴、音乐、体育和谈话等综合措施,力求病人能有一个舒适平静的环境和积极的人际互动,达到治愈的目的。学校中设计环境疗法是极其重要的。

在美国芝加哥大学的索尼姬·桑克蔓在学校的设计环境疗法的经验评述中这样介绍:

在环境疗法的总体背景中,个体的安全、充分自然的喜悦以及群体的支持,这些都会激起孩子对人际关系的敏感。当然,如果这些孩子不能从他们最初的体验中得到保护,那么,环境疗法的目的就会被破坏。因此,教职员之间的内聚力是保护孩子的一个重要环节。他们必须维护教职员之间的关系,不能让这种关系受到孩子们挑拨的影响。

在这里,学校中的学生生活是正规、程序、正式的场景。硬环境指物理空间形态,包括花园、广场、操场、博物馆、游泳馆、艺术馆、教育剧场、实验室、教室、公共空间、休闲娱乐空间等,通过对形状、色彩、布局、文化的管理营造有利于学习和健康成长的环境氛围,这是隐形的嵌入式教育。除此之外,关键是学生生活在特定的社会关系和身份认同以及文化再生产之中,而且这些是决定性的因素。除了营造教职人员的"内聚力"关系氛围和机制、以学生的学习为中心的课程和课堂之外，促进学生与养育者的更好联结也是必不可少的。

　　脑科学证明，与养育者没有安全关系的孩子，他们的应激激素显著升高。这种激素是在遭遇紧急情况是机体紧急动员交感——肾上腺髓质系统功能产生的相关激素，高水平的应激激素状态对身心两个方面的伤害是显著的，特别是与危险行为包括药物滥用、吸烟、暴力和自杀念头相关。所以，有学者认为，"营造一种滋养的氛围，让每一位学生都感受到与养育者之间的连接，这应该是每一所学校每一个教师最好优先要完成的事情"。

　　为此，美国哈迪曼博士给教师提供了10条建议：①提供一致的课堂期待和公平，用温和的策略来维持纪律的实施；②设计严谨的、鼓励差异化的、更有意义的教学活动；③关心班级里所有的学生；④提供相互辅导和合作小组工作的机会；⑤通过便条、通知、电话或者家庭邮件向孩子和家长传递积信息；⑥针对每一个学生设置个性化的学习目标；⑦确保每一个学生有一次在课堂上被提问的机会，或者参加一项特别的任务，比如设计布告栏或者装饰工作站；⑧使用角色扮演的方式解决冲突，特别是基于教学内容的活动，如文学或者社会研究课程；⑨为跨年级的互动创造机会，比如学习辅导、舞台表演和其他艺术课程、图书馆或者学习技能组；⑩在班级里树立温暖和友善的模范。

　　人的学习环境可以分为外部环境和内部环境。从社会的外部环境来说，要紧紧围绕着学生健康发展，创造性地建设和谐、信任、合作、理解、包容、欣赏的群体团队氛围；从学生个体的内部环境来说，激发个体的情绪、动机、学习是极其重要的，要开设社会性与情感课程，让学生识别情绪、调控情绪以主动适应环境。因为神经科学研究表明，12岁以下的儿童几乎无法减少负面情绪的影响，青少年年龄为13~17岁的也只有成人一半的调节水平。较好的情绪调节能力可以帮助儿童和青少年更有效地学习。动机影响着人的态度、情感和行为，也是环境疗法首先要面对的问题。德国学者汉纳·杜蒙认为——当学生感到有能力达成期望时，他们会更有动力；当学生感受到特定行动与成就之间的稳定联系时，他们会更加有动力参与到学习中；当学生重视学习科目，并且有一个明确的目标时，他们会更有动力参与到学习中；当学生对学习活动持有积极的情绪时，他们会更有动力参与到学习中；当学生经历负面情绪时，他们会从学习中转移注意力；当学生能够控制其情绪的强度、持续时间以及表达时，他们会为学习释放认知资源；当学生能够管理他们的资源并且有效地处理障碍时，他们的学习会更加持久；当学生感觉到周围的环境有利于学习时，他们会更加有动力参与到学习中，并且使用动机调节原则。学习的内部环境状态最好是出现"心流"，让人沉浸其中。为此。我们要让学生的学习任务呈现出多样性、选择性和挑战性，这主要体现在课程的多样性、方法的灵活性、评价的多视角之上；在学习的时候要为学生创造总体放松、适当应激的心理状态，让学生心里充满好奇和期待，确信自己有能力完成好学习任务，并沉浸专注和保持做事的畅快状态。这样的状态就是对学习失败的最好治愈。

失败的教育需要一生疗救。罗素说过："幸运的人一生都被童年治愈，不幸的人一生都在治愈童年。"教育的治疗不同于医学意义上的治疗，我国学者金生鈜指出："教育的治疗是对人的理想健康的追求，它意味着教育持有的值得辩护的心灵健康理想，与人的心灵的成长、健全、善好、福祉、繁盛和完整具有一致性。""人的健康是对心灵完整与美善的追求，因此是人追求心灵变革的状态与过程。教育的治疗与这一过程相合相容。""教育的治疗的意义或价值不仅仅在于同情、关怀、疏导，更重要的是在于教育本身的各种构成以及整体进行之方式，都是针对人的心灵健康的治疗，教育活动、内容、方法、过程、关系都是治疗。"

从身心健康的角度而言，教育是治愈，环境疗法只是借助场景、景观、关系、教育教学活动和舒适物，使人产生更多的多巴胺，在愉悦的基础上通过"连结"来构建身份和意义。在社会性和情绪课程（SEL）的基础上整合脑科学、心理分析、精神疗法、空间学、社会学、园艺学、色彩心理学、情感学等创建适合学生的环境疗法课程，可以为学生的健康成长、成功学习、全面发展提供有力保障。

五 学校环境篇

行走的意义

人由在树间攀爬到在大地上自由行走才变成了人。可独走，也可群行；可日行，也可夜游。人的行走是生物学、物理学、空间学上的意义，也是社会学、文化学、哲学上的意味。行走不论是为了食物、打猎、种植，还是为了访谈、求学、问道、结盟、婚姻、战争，都是有鲜明目的的。德国哲学家尼采曾说："接近目标的人不再行走，他翩翩起舞。"

人的行走总是会失衡、跌倒、爬起、保持平衡、继续行走，这是人的本性使然，这样的方式也是哲学、科学、艺术、技术的方式。亚里士多德在其《动物之行走》中说："对于所有用两足以自然的方式改变地点的动物，一只脚站立支撑起全身重量，向前行走时，那只需要指引方向的脚就得轻巧，因为在行走的过程中要轮到它来承重，那么显然先前那条弯曲的腿就得变直，而身体的其他部分不动，支撑在和腿一起向前走的脚上。"显然亚里士多德并不是无聊之徒，而是思考着人的行走与语言、思想的运行方式问题。实质上，人的行走方式结构与追求真理或承认自己一无所知的思维认知结构是一致的，除非如柏拉图洞穴中的囚徒，动弹不得，遭受蒙骗，不能走向真理。从古希腊的苏格拉底、柏拉图、亚里士多德、普罗塔戈拉、第欧根尼等开始，哲学家都是在行走中思考、谈论哲学或雄辩的。这是从闲暇绵延中开始的智慧之旅：呈现、碰撞、争论、批判、探讨、否定、解构、互补……从中隐藏着全部的认知方法：路径、过程和真理。对于思想而言，有效的行走不仅仅意味着走正确之路，还意味着要走在正确的土地上和环境中。丹麦哲学家克尔凯郭尔在给其嫂子的信中说："一定不要失去行走的欲望。我自己每天都走，行走让我获得乐趣，远离疾病。我最好的思想都是在行走中形成的，而且我也不敢肯定不走路还能够形成如此重大的思想。"

尽管如此，人的目的、思想、境界不同，即使"条条大路通罗马"，也不会都结伴而行。孔子所说"道不同不相为谋"只是行走前的"不同"，是决定分岔、异途的思想差序结构。而真正的"不同行"当如苏格拉底之于普罗塔戈拉："我们之间走不到一起了，但是我们要想办法看看在你的动作和旋转芭蕾中，有哪些是真理，哪些只是捕风捉影。因此我们要坐下来，放松心情，实现思想和语言的真正行走，这样才能开始真正的旅行。"一同行走需要共识和共同愿景，需要共同体精神。

哲学家说，你如何走路，就知道你如何思考。古代罗马人甚至认为人走路的姿势可以表现出内在性格和心情。人走在大地上，也走在思想、情感、性格、语言中。世界上的所有路都不会是坦途，有坎坷，有高山大河，有黑洞罅缝，也有不可预测的塌陷断裂、假象幻影、海市蜃楼甚至定式思维、思想枷锁。要想走出去和走得正确，唯有行走、思考并使灵魂获得安宁和智慧。古罗马思想家塞涅卡说："你看不到吗？当灵魂萎靡不振，四肢就会沉重，双腿就懒得动弹。灵魂软弱不堪吗？身体的姿势会表现出来。灵魂有力量吗？人的双腿会充满活力。它怒不可遏吗？行动就会表现出混乱。也就是说不是我们在行走，而是灵魂带着我们走。"在塞涅卡看来，首先要独处、特行，远离尘嚣；其次要独立判断、自由行走；再者要按照时间行走并知道时间的意义。古印度哲学家商羯罗把自己当成了世界的一个组成部分，居无定所，四处游历，在极度苦修中历练智慧和思想，写成《薄伽梵歌注》一书。法国哲学家罗歇·波尔·德鲁瓦在其《步行哲学家》中说："人类的行走已经远非动物四肢着地的形态，而是直立挺起身，用双脚走路。哲学思考也一样，也是直立起身的方式，不再贴近地面，而是站立前行。什么叫'站着思考'？一般认为是往上看，关心绝对真理，思考宇宙与永恒、无限、前途、真实性。"法国思想家米歇尔·马费索利说过："在星空下行走的目的是保持朝着理想的方向前进，在其中某些合适的时机，我

五 学校环境篇

们能体验到存在、完整和某种绝对的形式,在这其中的某一刻,能隐约看到理想的身影。"

人类在物质极不发达的荒蛮时代,为了生存,行走甚至奔跑是必须的。中国古代诗歌"断竹,续竹。飞土,逐肉"比较形象地展示了群逐动物的情景。而在文明信史的家国情怀中,徘徊彳亍是行走的特别方式。亡国流离的周代大夫在荒芜、破败的古都土地上走来走去,看着过去的繁华之地如今已是黍稷遍地,于是感喟无限,咏唱出了这样的诗歌:"彼黍离离,彼稷之苗。行迈靡靡,中心摇摇。知我者,谓我心忧;不知我者,谓我何求。悠悠苍天,此何人哉?"孔子及其弟子周游列国是传播思想的政治宣传,也是"风乎舞雩"的场景教学;汉朝的学子"游太学"是外出求学;魏晋时期的"玄游""仙游""佛游"都是逃避现实、寄情山水、反抗礼教、追求自由之举;玄奘西游、鉴真东渡都是国际之游,打通隔壁、隔阂、藩篱、墙壁,以严谨的态度完成伟大的事业,去探索与自己完全不同的人物、自然、精神、思想;两宋时期的"景物理趣、明性见理"中体现出"游中未敢忘忧国"的境界;王阳明将游学与心学结合为"知行合一"的认识论,对个体觉醒起到巨大的推动作用;李时珍、徐霞客踏遍千山万水,与自然、文化和他人的美好相遇,在探寻知识、记录自然中实现自我价值。旅行是发现、学习、思考、探究,更是分享和传播。

没有眼睛看不到路,没有脚走不了路,没有思想走弯路,没有凭依之物走不远。为了保持长途行走,可依赖之物当然是鞋子、拐杖和作为交通工具的动物。人们对鞋的情感和认知就是对行走意义的认知。古罗马恩培多克勒的青铜凉鞋蕴含着对世界因为爱恨而聚散的认识;梵高的农鞋以无蔽的方式展示了劳作的艰辛、焦虑和不安。谢灵运的木屐优雅地走上了山又下了山,他创立了中国的山水诗派;中国工农红军的草鞋表达是不忘初心、北上抗日、解放民族的精神力量。第欧根尼认为生命、自然和他的拐杖(工具)同样重要,其余都是累赘,于是,他舍弃了习惯、习俗、房子、财产、妻子、孩子甚至饭碗,挂着拐杖,加长了手臂,用双脚思考,成了一个智慧的流浪者:没有烦恼,没有痛苦,没有期待,没有目标,只有温暖的阳光和善于思考的头脑。在中国古代的礼仪世界中,拐杖标志着身份和行走的待遇,体现的是"尊老"。《礼记·王制》:"五十杖于家,六十杖于乡,七十杖于国,八十杖于朝。"老子骑牛西游,不知所终;隋末唐初李密年轻时曾"以蒲鞯乘牛,挂《汉书》一帙角上,行且读",颇有魏晋名士风度！

奥地利作家斯蒂芬·茨威格："也许我们的真正命运就是要永远在路上，不断后悔，心存怀念，总是渴望休息，却又总是游荡。人生不过是一条不知目的地在何处的路途，却还是得固执地走下去，就像我们现在正在黑暗和危险中游荡，不知道等待着我们的是什么。"贝鲁埃特就此曾言："虽然可能会有些夸张，但我们可以这样说：人类会思考是因为他有腿。亚里士多德学派的学生因为喜欢边走边进行哲学思考，而被称为逍遥学派学者或是步行者，这并不是偶然的。虽然行走的思考有悠久的历史，但直到18世纪人们才将它当作一项文化活动。与此同时，大自然也不再是简单的装饰，而是成为思考的主题和灵感的来源。散步获得了哲学的维度，行走上升到了艺术的范畴，成为生活智慧的一部分。这样'路上的思想家'就产生了，他们是流浪的哲学家，进行思考的同时，身体会在树林和花园中行走。"

尽管随着现代技术的发展，信息化、网络化、智能化的现代性使人类不断地远离自然，人们已经不习惯于行走，而是以机器代步，由此也不再明白行走的意义。但是，返璞归真是一个基本趋势，人类最终还是要回到行走的状态，以人的姿态走下去。卢梭最早意识到人类的未来无论好坏——从纯朴的自然到现代社会——将依然与"行走"存在紧密的联系。西班牙哲学家圣地亚哥·贝鲁埃特："在那个让人眼花缭乱的消费主义支配的世界里，闲散的流浪也可以被看作一种政治性的、维护权利的甚至颠覆性的行为。这样一种普通的活动，几乎没有任何成本，只需要有双腿带着前进就可以，但它代表了一种对生产力的要求和对经济效益原则的不服从，是面对实利主义和对社会地位焦虑的抵制姿态，甚至是一种不服从常规和惯例的方式。既然不能改变事情，至少我们可以改变姿态。"

以哲人的姿态行走，是人类关系的最美矩阵，是身体哲学！在行走中体验身体与世界的裸露的、紧密的关联，不仅能产生思想、情感和道德，悟得学习方式和生活艺术，能体验最美的自我和自主教育，这就是行走的根本意义。

六、学校文化篇

我眼中的衔接教育

人在终身学习中，总是不断的"离合""转承"和"转场"，而每一次新的任务、新的场域、新的情境、新的选择、新角色转变、新起始，都是人生中的偶然或必然的重要事件。特别是人在交往中存在一些不被期待和不能自洽的行为，需要场境式地、境脉化地及时"进入"和"跟进"，所以，这也就转化成了外在教育和自我教育的特别契机，当然更是系统教育，是为了人的发展"畅通性、历史性和深刻性"而必须要作出的选择和行动。因为，正如美国教育家博耶所指出："我们应该看到，目前阶段性教育造成的割裂、非连贯性和互不关联的状态，使人的教育出现阻遏、空白和鸿沟，教育本身的内耗和弱化问题比较凸显。"目前，教育生态还没有真正形成，分年龄教学和分科教学导致的"铁路警察各管一段"的现象还比较突出。

那么，如何解决这些问题？除了需要进行大规模的学校结构调整，从人的成长连贯性上彻底解决学段、学校类型与结构问题之外，从教育生态环境系统内部切入，只有问道衔接教育（transition education）或者新的学习准备了。

总的来说，衔接教育，一方面是为了让学生在陌生环境中克服不安、疑惑、无助、恐惧、自卑、不确定性、不可把握感，另一方面是通过环境变化、身份变化、学习任务变化、社会影响、传统文化的潜在作用等"借机、借势"来

"确认"自我认知水平、态度定向、心理定向、情感优化等达到激励、化育、自化，使学生对自己的未来充满希望、期待和自信，拥有强大的内驱力并合理规划人生。

人的成长是过去式，也是现在式，更是未来式，且被时空形塑。人的身体、思维、道德水平、智力和非智力发展具有层次性，具有阶段性和连续性、定向性和顺序性、不平衡性和结构性、同一性和差异性。决定人成长较为关键的因素是遗传因素、环境因素、教育因素、自我概念发展因素，人的成长的阶梯实际上是由发展的各个维度综合因素组成的，因此更值得关注的是整个发展的核心。因为它是研究年龄特征、发展阶段划分的关键，也是研究衔接与过渡的关键。这些关键因素都要受到自我意识的制约，没有自我意识的认知，正常发展就丧失掉了成长的前提条件，自我意识水平反映的是人的心理发展的整体水平。苏联心理学家维果茨基指出："自我意识的发展是过渡年龄的精髓和主要成果。"

人的发展中存在着关键期、敏感期、危险期、临界年龄等。目前，大多数学者认为儿童从出生到成熟的0~18岁间，大体经历了6个关键时期：0~1月，1岁左右，3岁左右，6岁左右，11~14岁，17岁、18岁。关键期培养效果最佳。关键期受损害或不正常教育，以后不能补偿，这样，就形成终身心理疾病、情感问题或者性格问题。关键期具有突变转折的作用，又是一个耗散结构，需要协同，但一定是通过"突变"形式，达到新的有序状态。

因此，抓住心理、认知、学习、生命成长的阶段性特征和发展需求，通过及时、适合和切实的教育教学积累"渐变"、促成"突变"，完成衔接教育中人的身份的转换、新阶段的任务确认、新环境下的危机管控，从自我意识的发展、身体生理、心理智慧、学校文化的认同、学习策略和内容、社会交往、文化资本的再生产、克服与适应危机等方面进行良好的衔接教育。实质上，环境的改变意味着身份的变化，或多或少存在身份危机、文化认同、自我意识、社会角色的阻阂、混乱和矛盾。从某种意义上来说，衔接教育意味着对危机的前置性处理，是对危机的潜在性伤害的预防，也算是危机教育的一部分。

衔接，本质上或者说在理想目标设定中有相同的主要教育目标，即培养有特殊学习和/或行为需求的学生，让他们能够在社会中成功地学习和成长、成功地生活和与人交往（interact）。衔接教育或生涯教育，最终的目的是帮助每一个有特殊学习和/或行为需求的学生获得满意的学习状态、学习结果、道德满足及未来职业生涯规划和学习生活方式。

但有效的衔接教育必须是基于学生的心智、认知、情感、道德、思想、思维等现实水平和可能性，在调查研究的基础上，结合新的学习环境、学校文化、学习内容和相应的学习策略、班规校训等进行课程化的教育。比如"幼升小"中，必须尊重幼儿身体发育、性别认识、游戏化学习、社会交往自我中心、培养良好习惯、依恋老师和家长的"现实水平状况"，在幼小衔接教育中凸显游戏化学习的特点，积极创建"我—你—他"的关系，侧重学习和生活习惯进行教育。在小初衔接教育中，小学毕业的学生处于青春早期。身体生理发育主要特点就是由不成熟变得日益成熟，出现三大变化——一是身体外形的变化，二是内脏机能的健全，三是性的成熟。因此出现恐慌、危机意识、烦恼、两面性、秘密、半幼稚、记忆力强等，所以，在衔接教育中，要注意：第一，让学生产生成熟感，并促进其不断发展。第二，促进自我意识发生质变。第三，促进认知能力明显发展。第四，促进学生独立性。第五，进行心理干预，对学生的心理问题积极地进行矫正。

通常的方法有以下几种：

（1）迎新仪式。迎新具有很强的塑造力，通过启蒙仪式的互动使新生看到自己在这所学校将要扮演的各种角色。具体来说，班主任在充分认识学生成长记录袋（评价学生的一种方式）的基础上，了解学生概况，科学谋划，设计出有特色的迎新课程，通过迎新仪式，让学生从新的角色来进行自我概念重构——发现自己是谁、自己需要什么以及自己能够做出什么贡献。通常情况下，班主任通过多种多样的方法（头脑风暴、激活周、访谈、音乐会、教育剧场等）影响学生的预期，利用座谈、项目制学习、探险、异质小组、非正式合作、同伴互助、无边界学习等让学生总结自己、告别过去、梦想未来。学生通过活动向高年级同学学习、访谈、交流，真正了解到学习经验究竟意味着什么，以便于适应学校新的文化生活。学生通过迎新主动打破学习舒适区，重新认识学校、班级、团队和学习的观念。

（2）教师团队辅导。衔接教育的教师由既往学校有经验的教师和未来可能师从的新学校的教师共同组成。教师与教师之间建立以理解、智性和连续的普遍联系，形成较为稳定的结构松散且有共同目标的共同体，共同为学生的准备性学习和适应性任务规划、分类指导，辅导学生进行主题式或项目式学习。

（3）提供咨询。为了解决个体的差异化诉求和不同的问题，应该由校外教育咨询服务机构或应该更多地由学生的既往学校和未来学校的专业人员组成一个或数个咨询团队，为每个学生的未来学习准备解疑释惑，帮助学生在身体、心理、语言、社会身份、自我认知方面得到新的提升。可下发调查表，抽样调查，再结合实际情况，写成正式报告，纳入学校决策或班主任工作、学科教学之中去。

（4）生涯规划与指导。生涯规划是由于选课、个性特长发展需要、学科的分类以及未来社会职业的分层、分野而产生的。生源规划在美国的中小学由来已久，已经形成了学校文化传统特色，但在我们的中小学，尚无体系可言。不过，我们还是可以根据高校改革、未来职业发展以及社会所需的人才特点，结合网络信息、职业白皮书、科学技术的发展以及学生潜能开发的可能性、兴趣特长给予一定范围内的指导。这一切当然是基于对学生的人生理想、学习能力、兴趣特长、思维风格等的调查、认知之上的。

（5）家长和同伴帮助。为了适应新的环境中的人际关系、文化资本再生产、信息鸿沟、学习任务与能力本身的种种挑战，保护和保持心理安全是首要任务。年龄小的学生无不处于模仿学习状态，而且家长、同伴的影响是巨大的、潜在的。儿童心理学家戴维·埃尔金德指出："孩子需要一种足够的受到保护的安全感，为了使孩子具有这种感觉，我们在孩子面前必须做出大人的样子。"这意味着家长要以儿童、学生的心态和身份尽最大可能为孩子提供最好的帮助，同时，孩子们还要谦虚地"倾听"高年级同学的学习成长故事，听取建议，汲取教训，并能有效地转化为行动。

（6）提供资料。这里所说的资料不全是未来就读学校的宣传资料，还应是适应新的学习环境和任务的分门别类的指导性手册或规范性的文本、图片、影视、视频资料。其通过"宣传"来"萌发、兴发"学生的联想和想象，把学生的过去、现在与未来"连接"，把学生自己的生活与自动发展"连接"，把学生与他人、学校、班级以及社会发展需要"连接"。

（7）衔接课程。衔接课程要体现共同知识、阶段性学习的异同与可能出现的普遍存在的适应性问题的应对、共同目标和价值观教育。它分为学科内、跨学科、社会实践、思维方法、学习策略、方式和方法、自我反思、道德澄清、团队合作、心理调适等。衔接课程通常是由学科专业教师根据学生的不同需求，有目标、有秩序、有重点地实施任务驱动或大概念问题驱动的课程。

(8) 自我认知。埃里克森对人的自我概念的发展有比较成熟的论述。从个体的角度来说，什么是真正意义上的进步呢？当然是自我认知的不断成熟、准确和不断完善的过程性意义彰显和诠释。在学习过程中，可以肯定的是在具体情境中不断产生"心流"，有效迁移，学以致用，让学生自己看到自己的发展。教师依靠学生的发展来推动学生的发展才是不二法门。经常性地引导学生发现自己、改善自己是多么重要！

(9) 研学旅行。尽管有许多人并不赞成这一提法，但强调在旅行中研学也无不可。清华大学、北京大学等每年搞的夏令营、冬令营又何尝不是借学生的名校情结而强化学生的新的学习梦想呢？让学生自己研究或合作研究自己可能就读的学校文化、课程设置和优势学科、人才培养专长、学习能力素养要求，又何尝不是对学生的学业定向励志呢？

(10) 校园文化解读。学校文化是学校的生命体征，涵盖学校教育教学的方方面面。把师生统一起来的当然是基于清晰目标的学校文化，其中共同的价值观和共同的追求是凝聚剂，把大家的行为协调起来，共同发展。兰德公司的研究表明，在效果最佳的学校中，往往都有一个社会契约，而且得到师生的普遍认可和接受。因此，指导学生正确解读校园文化是促进学生文化认同，赋予其身份意义，使其自觉自主行动的良好策略。解读的形式越多样越好，越深入人心越持续有功。

(11) 交友会。人的群居性造成了高度结构化的社会，也是人的非智力因素的重要组成部分。在学习领域，孔子说过："独学而无友，则孤陋而寡闻。"越来越多的研究表明，学生同伴之间的影响力远超老师、家长对其的影响力。所以，帮助学生正确结交朋友是促进学生社会化的重要手段，也是促进人与人诚信、和谐的措施之一，更是学生在保守秘密、分享秘密中不断走向认同、成熟的互相教育、互设主体的方式。因为理想的社会组织或者学校需要以人与人之间的关系和想法为中心组织起来，需要一个达成共识的、较为稳定的价值观共同体。新的学校成员来自不同的亚文化群体，而在陌生的、需要重构的群体中，人总是不安全的，如何帮助学生交友，对促进学生的道德水平发展和成功学习以及处理危机都意义非凡。耶鲁大学研究儿童问题的专家詹姆斯·库默认为，必须要给孩子提供一个让他们感到自己有价值的环境，在这个环境里孩子们不

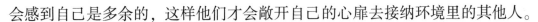

会感到自己是多余的,这样他们才会敞开自己的心扉去接纳环境里的其他人。

(12)学习论坛。在学校教育教学中,让学生形成学习共同体,互教互学,体验学习,共同分享,互鉴共进,乃是最高形式。所以,帮助学生成立由学生自己主导的学习论坛,或共同学习,或辩论学习,或展示学习,或项目学习,或合作探究……学习方式越多越好。学习论坛可由学生会主导规划、实施,老师在旁指导或提出意见和建议。

(13)组建社团。社团是基于学生共同兴趣和专长而组建的能力互补团队,其核心是团队精神和领导力培养,有计划、有步骤地自主开展活动,逐步实现社团课程化。美国耶鲁大学学生的成功秘诀就是丰富多样的社团促进了学生的高度发展和品质形成。对于刚刚到校的新生,可以借助网络前置性地组织成立,共同探讨社团名称、使命、价值主张、社团形象、社团精神、社团文化建设、社团特色建设、阶段性和中长期的工作设想及社团课程评价等,让每个学生准确定位和工作担责,从实践中发展自己的能力和提升自己的学习品质。

(14)共同阅读和写作。在到新学校就读之前,利用网络,组织预录学生在组织各种社团的基础上,有计划、有主题地进行共同阅读和写作,既是人文教育的重要形式和内容,又是自我表达、自我教育的意义架构。阅读不能是琐碎的,而应是主题阅读、组文阅读、整本书、经典系列阅读等;写作的形式多样,力求真善美。阅读和写作都是自我塑造的最具现实开发意义的力量。

(15)义工服务。在到新学校之前,就应该由未来可能就读的新学校组织学生会主导报名参加各种义工活动,如救济募捐、环卫工人、文明使者等进行投射学习。这样不仅促进学生社会能力的提升,而且对于提升学生道德水平意义重大。美国教育家博耶认为基础学校中的"品质"正是将学习与生活联系起来,从中培养学生良好的道德观。可以说,道德观念的形成和实践是教育衔接中不可忽略也不可拔苗助长式或狂飙突进式进行的,道德教育恰恰是和风细雨的浸润、醍醐灌顶的感悟、如坐春风的悦纳、深耕细作的耕耘。

(16)欢庆聚会。聚会是在新的陌生环境中的相遇,是一个个不相同的人在同一任务的聚集下相会于特定的场域,为了共同的目标和梦想,彼此认同、理解、尊重和帮助,形成一个用价值观凝聚起来的团队。新学生的到来无论对学生自己还是学校而言,都是含有"开始"的重大意义和生命里程碑意义的美丽事件!美丽的事件需要亲和力和热烈的氛围,需要个人和集体两个层面的"欢庆"。这是典礼仪式！典礼仪式潜在的教育意义就是赋予人某些社会角色并使之价值化、理由化，使人主动进入角色，防止恶性竞争中的"对手""敌对"意识。美国教育家博耶指出，"在基础学校这个大家庭里，也应该有欢庆的聚会，所有的学校成员——从校长、教师、其他工作人员到学生和家长都应该是聚会的主体，人们欢聚在一起，彼此在交流和对话中更加熟悉，共同谋划学校的发展，共同促进孩子的成长。"它是建立信任、认同、奋斗文化的特别课程，充满着好奇、期待、疑惑、猜测、兴奋、新颖和张力。庆祝应该是学校典礼仪式的重中之中和生命成长的礼物！法国学者莫斯认为礼物是交换中的"互惠"行为，无论你我、远近。学校就是师生的互惠互利、互帮互学、共建共享的生命共同体。

任何教育教学包括衔接教育都必须是可评价的，评价是为了促进更好地反思、修正和进一步的发展，是对人的潜能开发和创造性的诱发、激励与肯定，是增值的过程。"评估"这个词来自拉丁语，意思是"坐在旁边"，评估最早的字面形式是在学习者的身边，在学习时帮助支持他们。因此，有学者认为："评估的第一种形式就是和学生一起，而不是指向学生的评估，是为了支持他们的学习，它在本质上是持续的和形成性的。这种评估的结果将融入教学过程，向教师和学生表明学生懂得了什么、能够做什么，以及需要进一步加强的领域。这种评估的目的很清楚是为了改善学习。"同时，根据赫尔曼、阿什巴彻和温特斯的观点，任何一种高质量的评价都应考虑如下10个关键问题：①评价必须与意义重要的教学目标保持一致。②评价必须要对学习过程和学习结果进行测查。③基于表现的活动并不是评价本身。④认知学习理论及其建构主义知识学习方法非常赞同把评价方法论与教学结果和课程内容进行整合。⑤整合学习观和主动学习观要求对学生评价的综合化和复杂化。⑥评价方案设计取决于评价目的，评估方案和监控学生进步的方案与诊断和改进方案之间存在着明显的区别。⑦有效评价的关键在于教学任务和预期的学习效果之间的吻合。⑧评价学生表现的标准至关重要，缺乏评价标准的评价仍将是孤立的、片段性的活动。⑨高质量的评价能够为学生的学习提供大量的反馈信息，教师可以根据这些反馈信息做出决策。⑩最能综合反映学生成长的评价系统，包括过去一直在使用的多种方法。

除此之外，评价主体的多元性也是评价所需要的。让各个利益方都参与到

 六 学校文化篇

评价之中，特别是采用切实可行的学生自我评价并提高其自我教育和自我领导水平，才能从根本上推动学生的主动发展，实现真正意义上衔接教育价值。

衔接教育是全方位的衔接、全纳式的拥抱，是无缝式的继承和发扬，是注满能量的生命跃动，是自我发展的美丽绽放，是学校的人文精神的魅力与磁性。

校长要善于营建学校变革文化

无论是战术性变革还是战略性变革，营建学校变革文化首先要消解不适应、矛盾、误解和阻力，其次才是沟通、讨论和创造。学校最高的领导形式是文化领导。当然，还需要特定的技巧，比如定期评估学校的现有计划、措施、效率及实践活动，有能力领导并推动组织内的变革，领导项目或计划，并能获得其他人的支持、具有战略性的眼光等。

从学校变革的复杂性来看，营建学校变革文化实践属不易。因为，正如美国学者 Petra E. Snowden 和 Richard A. gordon 在其《学校领导与管理》一书中所说的"对变革的抵制"广泛存在且有七种类型：①"积极"的抵抗者——这样的人赞同所有新的计划，但却从不做有关的事情。②"唯一例外"的抵抗者——尽管变革可能会对组织的其他部门有益，但却从不适于这个人所在的部门。③"让我留在最后"的抵抗者——不会说变革是错误的，他会采取试图观望的战略，希望所有的新观念都会在他的部门必须实施一项新计划之前灭绝。④"我们需要更多的时间去学习的"抵抗者。⑤"声明权利"的抵抗者——抵制校长的一切新计划，并强调说只有地方性的计划才是有效的。⑥"代价辩解"的抵抗者——任何改革之前，每一件事情都必须证明是代价合理的。⑦"附加型变革"的抵抗者——只有在新方法具备了旧机制的所有内容的情况下，它才

六 学校文化篇

是可行的,这是建立一种新机制过程中最难说服的抵抗者。他们还揭示了抵制背后的原因:习惯、学区的官僚机构、动机的缺乏、被提议进行的改革的性质、教师和社区的准则、理解的欠缺、观点的差异、能力的欠缺。

校长的首要职责是防止教师在外部环境的侵扰下精神涣散,靠工作惯性工作,抵制变革。通常的办法是培育优势——维护日常——消弭和转化不利——变革文化。

他们说:"变革学校文化方面,一方面要求学校领导者能在教职工中赢得一批志同道合的伙伴,另一方面要求教师能在课堂之外发挥他们的影响力。"这就是要求借助优秀员工来影响、带动其他人员积极参与到变革之中来,培养优势团队,扩张领导职责,建立良好的亚文化圈,积极传播组织价值、愿景如支撑性舆论氛围,形成学校主流文化价值,保证改革的实施,减少抗阻力。

强大的学校文化是领导者、管理者和教师进行日常的决策,而这些决策将为学生带来长期的利益。美国学者克鲁斯《建构强大的学校文化——一种引领学校变革的指南》中说:"管理一所学校的文化不能仰仗你所处的领导地位赋予的权力,而只能通过提升学校中基于行为、信念、人际关系及其他复杂的动力性因素的影响力而进行,而这些因素常常也是不可预期的。""当一所学校的利益相关者不能掌握变化的过程,就会在是'哪些白痴'强加于我们头上的责备中维系着所谓的'自尊',这样他们将自己的责任推卸的一干二净。"学校中的确存在两类人,一类是学校中可信任的,另一类为生活交换只顾赚钱且对学校没有特别的真诚的5%的人员。所以使其员工了解"变化"很重要,启蒙、宣传书(改革宣传文本)在改革前。其目的在于消除教师的"担心"——诸如,变革意味着更多创造性的劳动,对如何完成变革任务思路不清,不确定变革将如何影响到学生。为此,学校领导者需要召开形式多样、喜闻乐见的讨论会,让教师自己重新定义工作,找到工作不同层次的价值所在。其实,无论何时何地单位总会有一些"不合拍"的人,这就意味着抱怨、怨恚、指责、苛求、批评对抗、反对改革。研究并促进人与组织的匹配性问题是极其重要的。学校领导者要善于发展教师中"发展稍微迟滞"或与"学校发展不合拍"的表现,积极评价,开诚布公地表明自己新的期望,与教师交心,目的是为了开心,意味着信任、尊重和成就。

领导者、任务、追随者和组织构成领导情境。忽视任何一个元素都将失败。

变革越深刻，越邀请个人付出努力来重塑自身，就越需要付出艰巨的劳动，贡献自己的智慧。变革的文化包括陈述生命、陈述愿景、陈述价值观、战略思考、变革纲领、变革目标、变革组织结构等。要知道，对于大多数人来说，变革本身几乎没有什么令人舒服的地方，它意味着离开舒适区，改变习惯，改变思维，要付出辛苦的劳动，体验不同的事物，这是一种挑战。

借助外力来解决学校内部的"过度稳定性"和组织惰性或陀螺问题或脱轨现象，若是上下一心，则百事无成，内生与外烁一致，就是最好的领导与管理。校长仍然站在一条鸿沟之上，这条鸿沟就是建立能动的、充满人性的专业理想和现实的人格力量。学校的理想与现状总是形成一种互斥的紧张，要么变革，要么妥协。那些把校长当"官"来做的行为，都是向理想妥协到底的结果。校长要善于梦想、创生，让师生自我梦想、自我创造。

校长要善于经常诊断学校文化产生的变革，判断优势和不足，即找到内生力和外驱力。不断根据时代的需要、社会的发展，特别是学生的发展情势，借势用力、顺势而为，找到学校发展的新的增长点，使师生内心的富足是根本。创设保护性的、支撑性的、开放性的环境和机制，允许失败，鼓励创造，因为教育教学是生命与生命之间的碰撞、沟通、合作、尊重与赏识。每个人心里都有一颗伟大而饱满的种子，领导的任务就是使种子萌芽、生长、开花和结果。

克鲁斯说："文化改善不是校长的目的，而是他们借以达到学生学业和发展目的手段。有三种学校文化特质与学生学习捆绑在一起，专业共同体、组织学习、信任。"所以，校长要善于创设互动的平台和机会，以此促进教师的自我成长，形成集体性责任，使每个人都必须首先为学生的健康成长、成功学习担责，教师们有共同的准则和价值观、反思性对话、共创活动、互相协作的精神和行动，这是变革的坚实基础，也是强化和改造领导力的核心。

文化领导和文化管理是一个过程，这个过程需要领导者去触动变革。领导的目的不仅仅是影响人们的行为和思想，还包括影响他们的信念和感受。校长要善于推动新文化的形成，无论是教师文化、学生文化，还是课程文化、教学文化；要创设带有不确定性的开放性结构，从教师体验开始，使教师在互动中体验到幸福、价值、理想、工作意义、存在感等；要鼓励教师创造性地工作，更好地关注、建设、激发课程课堂中的师生关系；还要了解团队文化中的偏好、价值观和期望，避免产生西诸弗斯困境。

校长要善于把握和认清所在地的社区及其服务领域、地域和人口的特征，了解服务对象的需求、希望、价值感。传递和沟通学校文化的一种方式就是讲故事。校长要善于讲故事，而且要正确地讲故事，讲学校的历史兴衰，讲英雄和楷模、榜样，讲成功的故事，讲失败的故事，讲学校课程特色，讲校友，讲学校愿景，要警惕"温水煮青蛙"的"综合症"；还要善于寻求内部资源来改善结果，善于盘活资源，比如激励和表扬，充分激活师生，利用一切可以利用的资源。

激励之法是管理学中极其重要的手段，是支撑性的。其中，信任、授权、创新等是重中之重，属于成就激励，使人在尊重中找到尊严。激励理论建议我们把对他人的激励最大化，最好是用可见的、不可逆的、重复的方式来强化激励，可是提前要求他们尝试一些低成本行为，避免他直接拒绝，由此引起他的连续参与行里，建立"激励阶梯"是必须的，意思就是，到什么阶段应该获得什么是明确的，所以激励是一揽子工程，并非几句话就能解决，必须与地位、待遇、权利相匹配。如何提高参与度？第一，让他们参与起来，变成行动中产生信念、自我判断，其信念越强越会强化已有的思维逻辑，让人投入成本更高昂的事情中。将参与程度最大化，一个人觉得自己有选择的自由时，会受到鼓舞，积极参与。第二，满足他们对他人的认可和唤醒及对成就的渴望，让其看到成功的希望。最好的办法就是由学生去感动和激励老师，通过学生聚会、励志会、毕业生回访、毕业生捐赠、校友联谊等方式提高教师的成就感。

关于个人和群体学习的研究表明，强有力的学习环境是有"弱关联"而不是"紧密的关联"。实践中的创新和其他的新观念进入一个人和一所学校的意识，通常是由另一个关联不大的人引进的。学校不能闭门造车，经常搞一些研讨活动，是创新观念、促进变革的根本，让专家同行来塑造。要善于战略思考问题，要建立足够好的联盟和网络推动创新。不能把学校变成一个零和游戏手，让自己越来越好，让其他的学校越来越差。

班杜拉建立了个人效率这个概念，一个人的效率越高，越倾向于制定宏伟目标，并且有强烈的成功信念。具有强烈个人效率感的人，更加持之以恒、坚忍不拔，能动性更强，因此更容易成功。但要善于诱发师生的成长型思维，克服固定思维，防止鸵鸟心态和认知扭曲，比如专断的推动、选择性的空想、过度普遍化、最大化和最小化个人化、两分法思维等。因为思维模式如同过滤网一般，是个体自动生成某个信念和想法，从而影响其行为，所以要善于分析某些低效的行为方式和固有的成见的危害来优化管理、促进变革。

发展教师的领导力、公众认可度和策略影响力，使之产生归属感是核心。校长应给予更多的自主权和认可，让教师都是学校的形象大使，建立彼此的信任，留有自由的空间，鼓励创新和变革。

校长要善于领导变革，接受挑战性的工作。挑战性是来自工作本身的复杂性和不确定性，也是来自内部的压力、质疑、阻力等。因为，"当领导者做到最好的时候，他们通常能以身作则、共启愿景、挑战现实、使众人行、激励人心，经常找到新的增长点（波斯纳语）。"

仪式及学校仪式感教育浅谈

人生活在传统和历史文化时间中，当然不会脱离传统，但也不会完全被传统所缠绕而裹足不前。

"仪式"的词源是"既定顺序"，它关涉到排序、协调、适应以及与人际关系、客观世界相关连接，是特定的规范行为，富有象征意义，以此证明是鲜明的"这一个"，典型是神话、传说、自然崇拜和英雄崇拜、图腾、祭祀、礼仪、定礼与回礼、庆典、节日、文身以及各种活动、生活习俗、习惯和特定的行为方式。英国符号人类学家道格拉斯强调带来秩序的活动都是一种社会性的仪式，仪式存在的根本原因是社会控制的需要。仪式是特定观念系统的符号，是在一个特殊时刻的集体活动，仪式知识是一种实践的隐性知识，使自身成为知识，或者传递知识的凭借，具有反射性、公共性、规范性、约束性、遵守性、激励性、研究性、创造性、教育和认同感，是教育的重要形式。滕星在其《教育人类学通论》中指出："仪式知识是一种隐形的知识，它不是对世界的简单复制和镜像处理，而是对世界的一种建构和演变。从这个意义上讲，世界不是以仪式的象征结构来展现，而是仪式表现方式的自我实现。"

有人研究证明，仪式包括了6个方面的内容：仪式空间、仪式对象、仪式时间、仪式声音和语言、仪式确认、仪式行为。

仪式可以按照不同的分类标准分出许多类，有的从仪式作用的范围角度分，有的从意识行为的操作层面角度分，也有的从仪式的实际用途角度分。罗纳德格兰姆斯根据仪式的实际用途将其分为仪式化、礼节、典礼、庆典等。

仪式是"神圣的"生活，当然需要人们高度一致的"崇敬"情感才行笃行"信仰原则"，并使之跨越代际，持久支配或影响人的行为。英国学者杰克·古迪说过："尽管'敬畏'通常是通过宗教或仪式之类的表演实现的，但它们无疑是这种活动永恒的特征。"孔子说"祭如神在"，同样在表达祭祀时严肃态度和情感是"敬"。发展到后来，礼仪本身具备了符合意义，便成了活动的目标。法国学者马塞尔·莫斯指出："它有着最多变的面孔：在这儿它是一个唐突的要求，在那儿就成为一道命令，在别处就成为一份契约、一种信仰行为、一种忏悔、一种祈求、一种赞美的行为……"

英国学者武尔夫从历史和文化的维度将仪式功能分为概括以下几点：第一，稳固。仪式的稳固作用可以使得秩序、任务分配和计划有效实施，同时这些过程中也存在着压制、适应等具体措施。第二，确定——转换。借助仪式，团体内的成员可以被认定或者重新认定，同时也为新成员的加入创造了可能。第三，记忆。参加仪式的人有一种时间依附性，仪式的记忆功能可以持续地对参加者施加影响。第四，处理危机。一些宗教和危机处理相关的仪式，可以缓解参加者心灵上的伤痛，并对死亡和生命之间的疑问作出解释。第五，魔幻力。通过仪式，人们可以建立神奇的交流通道，与神对话。第六，处理不同与差异。仪式可以制造社会中的隔阂、裂隙，但同样可以沟通一些差异，化解一些矛盾。

法国学者罗贝·库尔图瓦认为，"仪式会产生一个背景，并赋予这个背景以意义，但这个背景和主体对它的标准也会对这个象征意义起到修正或扭曲、放大或缩小的作用。某个意识的完成会产生一定的影响，并因此倾向于引发思想，加强思想引起的行为，且更多地驱使行为主体找出行为的意义。"显然，赋予背景以意义就是文化，而且仪式中的文化力量一直是变动不居的，它会根据人们的现实需求而不断地调整、改变和重新定义。仪式的作用就是"引发思想"，让人觉得自己的行为是必然的合理的；就是社会身份的认同，是政治权力的最大化，是对人的行为的规训（法国思想家福柯的政治权力的制度化）。它是转换开关。南希·芒恩指出："一端是社会政治秩序的外部道德约束和类分，另一端是个体行动者的内在情感和想象。"最终，通过共同生活意义的象征性动员，形成共同体，鲍曼（Z. Bauman）指出："共同体是一个'温馨'的地方，一个温暖而又舒适的场所。它就像是一个屋顶（roof），在它的下面可以遮风避雨；它又像是一个壁炉，在严寒的日子里，靠近它，可以暖和我们的手。"罗森伯格（G. Rosenberg）把共同体称为"温馨的圈子"，"在这一'温馨圈子'里，人们不必证明任何东西，而且无论做了什么，都可以期待人们的同情与帮助"，同时强化行为的持续性、合法性、合理性和传播方式，为自己找到充足的价值理由，以至于自洽。最后，正如美国学者大卫·科泽所说："仪式还提供了一种方式，让人们参与到戏剧之中，并看到自己扮演的角色。仪式的戏剧性质并不只是界定角色，还唤起情感反应。"成功的仪式会营造出悦人愉己的、心灵敞亮的情感氛围。于是，几乎人的所有活动都离不开仪式感了。

什么是仪式感呢？《小王子》中有一个片段给出了极好的解释。

小王子驯养狐狸后，第二天去看它。

"最好还是在原来的那个时间来。"狐狸说道，"比如说，你下午四点钟来，那么从三点钟起，我就开始感到幸福。时间越临近，我就越感到幸福。到了四点钟的时候，我就会坐立不安，我就会发现幸福的代价。但是，如果你随便什么时候来，我就不知道在什么时候该准备好我的心情……应当有一定的仪式。"

"仪式是什么？"小王子问道。

"这也是一种早已被人忘却了的事。"狐狸说，"它就是使某一天与其他日子不同，使某一时刻与其他时刻不同。比如说，我的那些猎人就有一种仪式。他们每星期四都和村子里的姑娘们跳舞。于是，星期四就是一个美好的日子！我可以一直散步到葡萄园去。如果猎人们什么时候都跳舞，天天又全都一样，那么我也就没有假日了。"

当然，仪式更深层的意义在于寻求终极价值。帕森斯指出："（仪式）由社会成员共有的、构成具体社会下面某个特殊'社会'规范要素的终极价值关怀。"从这个角度看，仪式是不断地肯定自己，确认自己和群体的身份、关系性质、层际代际传承的文化理由和人生终极价值意义的。也就是说，仪式是为了把个体或由个体组成的群体从一个身份解释中分离出来，接受另外一个文化身份。人有许许多多的临时的或稳定的"角色丛"，在不同的场景、不同的问题解决中扮演着不同的角色，发挥着不同的角色功能，这或许是人的复杂性的表现之一。比如，冠笄礼就是把一定年龄的人从青少年中分离出来接受成人的身份、责任、道德、义务等。而自我身份的不断确认，即自我概念的不断发展，既是教育的对象，又是教育的基础和目的。

从精神的强迫和劝诱到故事取悦于人的最初教育来说，不断形式化并赋予形式以意义的仪式逐步演化成了社会化的教育实践，并广泛地存在于社会生活和历史传统中。它曾经是"教育殿堂的制高点"，学生通过仪式发现自己、联系别人、融入集体、进入社会。仪式通过引领学生获得知识、社会情感、人际关系、价值观念、道德准则、内部财富以及得到同伴和家庭的认可，传承民族或种族、部落、社会的"价值观"和行为方式。

仪式感教育在人的成长中不可或缺。《礼记·学记》中的"仪式"活动就是显性和隐性的教育活动。"大学始教，皮弁祭菜，示敬道也。《宵雅》肄三，官其始也。入学鼓箧，孙其业也。夏（jiǎ）楚二物，收其威也。未卜禘不视学，游其志也。"意思是大学入学之初，要穿礼服，备祭品，举行祭祀有道德学问的先圣先师的仪式，以表示敬师重道。祭祀时要小诵肄学"诗经"里"小雅"的前三篇（《鹿鸣》《四牡》《皇皇者华》——这三篇都是关于君臣燕乐相劳苦之辞。燕乐：宴乐），目的是使学生从一开始就获得君臣互勉的感受，懂得为官的道理（为官之始，盖以居官受任之美，诱谕其初志。圣人教人曰，用贤以治不贤，举能以教不能，所以公卿士大夫在下思各举其职）。学生上学，要按鼓声打开书箧。鼓者，扩也。击鼓为的是用鼓声警示，引起学生对学业的重视。同时，学校里配备有教杖（夏圆和楚方），以警荒废懈怠，整肃仪容举止，维持学习纪律。不到夏祭，教官不去视察学校，考查学生的成绩。

仪式在学校教育中发挥着重要作用，是庆祝文化、伦理文化、身份文化的重要载体，能够唤起情感和想象，是理想的跨学科融合课程，是由学生设计并进行社会化、项目化学习的最佳内容。常见的仪式包括升旗仪式、开学或毕业典礼、成人礼、联欢会、颁奖典礼、校庆等。它除了教化、感化学生，熏陶学生，改变学生，还突出的表现在处理个人与国家、个人与集体、个人与他人、个人与自我的关系上。更为重要的它是一种隐形教育，会发挥潜在的文化力量，可能持续影响学生成年以后的行为和观念。集体性的校园仪式特征，正如滕星所概括的7点：集体的而非个人的活动、每一个参与者在仪式中都应该有所付出、仪式中个体间具有一定的关系（模仿）、联合和分裂（形式上的联合以及个体感受上的分裂）、义务、权威、社会性。教育仪式承载的主要是身份角色、身体、模仿、表演、歌舞、活动、艺术、心理情绪、体态语言等。

饮誉全球的帕夫雷什中学就有许多作为"我们的传统"的节日、庆典、仪式，如"首次铃声节"、"最后铃声节"、母亲节、女孩节、歌节、花节、鸟节、无名英雄纪念日、堆砌雪城的冬节、首捆庄稼节、新粮面包节……所有这些节日都成了特殊的"礼物"。这些仪式的"礼物"承载着信仰、态度、情感、追求、生活观念、交换目的、价值观等，蕴含饱满的教育意义，更是学校文化成型、成熟的标识。

学校文化精神、办学理念、发展愿景、价值观等一旦被认可，会成为一种集体无意识，形成自己的文化场域。它以自身巨大的同化力促使个体按照文化所蕴含的价值指向行事、行为；同时还表现出巨大的融合性，缩小个体间的差异，将个人融入集体之中，形成向心力和凝聚力，起到潜移默化的作用。所以，一所学校不重视仪式感的教育，不是无知就是规训，距离真正的人的教育很远、很远。一个学生缺失了仪式感，不知道自己是谁，出现重复性的冒险行为、自残行为的概率就会大大提高。

仪式感教育不仅仅是安排一次或一系列的"得当、入时"的活动，将仪式课程化，还是广泛地阅读和探究，丰富自己的精神世界，增加人文底蕴，因为仪式是复杂的、集体的文化创作，诉之于它的是人的心灵的改造，它广泛地存在于传统、文化、经典之中。

我给初级教师的几句话

今天上午,有一位新教师跟我交流上一周的教学感受,言辞间流露出自信的职业规划,我感到十分欣慰;同时他也显现出急躁心理,从侧面反映出角色身份转化过程中对新工作的不可把握。

我们知道,一个人建立起对职业的信心以及职业规划对促进职业发展是必不可少的。通常一个人最初的1至5年内的职业情感、信心,对他能否投身或献身某个职业起决定性的作用。一位年轻教师刚刚参加教育工作,对工作、生活、人生充满憧憬,总有一股子热情、勇气,这是很好的职业情感。此时相机引导,提出适当的要求,并多给他们以帮助,对形成良好的职业角色观念是至关重要的。

因此,我本着促进发展的目的,在平等交流和交换看法的过程中,提出了七个建议:

第一,想方设法使学生喜欢你所教的学科。这是一位教师和他的学生走向成功的基础。

第二,不管什么方法、方式,只要能在学生现有水平和智能结构的基础上,促进了学生最大的发展,就是有成效的值得总结概括的教学艺术,是形成个性化教学风格的前提条件。

第三，教学永远是一门遗憾的艺术，是一门需要思考探索、创新的系统而复杂的工程，所以，没有反思、缺少批判精神的教育恐怕永远是毫无出息的"重复"。

第四，你能否把学生的发展放在你工作的首位，甚至作为你工作的出发点和归宿点，是衡量你教育境界的根本。

第五，教育还是一项需要良心和耐心的工作。要成为教育家型教师，就得坚持提升自己的精神品格和非智力水平。

第六，多研究案例，多研究教育理论与教育实践，多研究学生，多研究学生的学习，多研究课程。

第七，多读书，多思考，多积累，多交流。

5.

校长领导力的核心话题

好的管理必须是正确地做事,更是做正确的事情。既要规范,又要创新;既要有价值追求,又要在现实中做一些必要的妥协;既要把事情办通,又要办好。管理与领导的本质就是通过治理,让人快乐地创造性地高效工作,最优级实现个人和组织的目标。

学校光有管理是不够的,还应该有多主题的、多层面的领导力。组织需要实现远大目标和梦想,需要一群有共同追求和价值认同的人去共同实现,这必然需要沟通、合作、工作认同、价值认同、愿景认同等。美国学者乌本等人认为,"领导力是校长发挥所长去创造一种以学生多产、教师多产和创造性思维为特征的学校氛围的方式。"其目标必须由战略和战术两个层面的高效团队来实现。但是,学校管理有短板,校长可以管住教师的态度、教学内容、工作时间等,但是最关键的课堂教学的策略和艺术是管不了的,它要靠教师自己的教育自觉和教育追求精神来实现。所以说,校长领导力的核心是战略、价值、文化和创新,尤其是要具有战略思维。校长要明白五个驱动问题——第一,我们能做什么;第二,我们不能做什么;第三,我们想做什么;第四,其他人期望我们做什么;第五,可能的危机和优胜结果是什么。

由于管理对象的日益复杂和开放,再加上教师工作是极富智慧性的创造性工作，鼓励教师创新是学校管理的重要任务，因此，传统外控式管理（或称刚性管理、方形管理）已不能完全适应新的要求，而弹性管理（或者称柔性管理、圆形管理）却日益得到重视和开发。美国德鲁克基金会主席弗朗西斯·赫塞尔本说："传统的管理可以说是一种'方形管理'，它把一个组织打造得像一个盒子，所有的人都在这个盒子里做事，使用的是命令和控制式的语言，采取的是上司和下属这样的结构。曾经，这样的语言和结构起到了维持内部秩序的作用。但是现在，这种管理落伍了，因为，把人们装进盒子就无法让他们发挥聪明才智，也就阻碍了创新，使整个组织陷入了僵化。"所以，克服组织防卫（阻止变革的消极组织文化）和机制僵化并进行变革、创新是领导力的首要任务。

教育教学本质是上实现人的最大最好发展，必然要涉及权力的游戏规则。由于受现代工业效率的影响，外控或任务型的权力无限纵深。严格控制的结果，表面上看是教师完成应该完成的任务，但实际上可能是消极的应付，教师的创造性就可能大大地降低。因为教育教学工作不可能完全量化和检测，外控式权力运行关注的是可展示、可评价的行为，而无法监测到内在的品性。因此，首先，要创新制度，建立信任和支撑性机制，积极鼓励创新。要允许教师适当地自由选择，并给予一定的时间和空间，让他们创造性地工作，甚至要像海尔集团总裁张瑞敏所说的那样——"你能翻多大的跟头，我就给你搭多大的舞台"。其次，建立扁平化管理模式，善于授权，允许变通。现代管理要求管理决策必须留有余地，允许被管理者在执行中充分发挥自己的创造性。实质上，由于认识角度、知识能力、思维形式、利益取向的差异，大家对具体管理举措的认同并非完全一致，会朝着对各自有利的方向变通使用。再者，抓住内外变革时机，共同参与，团队领导，聚合群体智慧，民主决策，促进变革。

我国学者刘云柏在其《管理伦理学——管理精神的价值分析》一书中指出："管理的人性化的凸现，是在知识经济社会中发展的必然结果。管理从工具化的坚硬、刚性状况向柔和、韧性的人性化倾斜和回归，这种变化是管理在知识经济全球化过程中继续取得主导地位必要的自我调整。承认管理的人性是人类管理思想的一次重大创新。"充分地尊重人、发展人是校长义不容辞的重大而神圣的责任。另外校长还要看到现代社会的发展对教育的高要求，要培养民主和理性批判。学校校长要学会倾听，包容各种正见、偏见甚至缺点、错误，要允许不同声音的存在。正如美国学者亨利·A·吉鲁在其《中国教师应该成为知识分子吗?》文中指出："教育不只是一种技巧和方法,在中国,教育应当成为这样一种关键性的场所,那就是创造各种教学和政治的条件并为民主而奋斗的场所。"

要做一位优秀的领导靠什么?从个人特质的角度看,无非是个人能力、眼光、胸怀、境界和个人魅力等,属于自我领导力的范畴;从组织视角看,无非是确立愿景、战略思维、明晰任务、组成团队、制定制度、组织实施、文化领导、科学评估。取得优秀的成绩必然要依赖强的领导力。美国理查德·L·德特的《领导学》认为,领导力是领导者和追随者之间的影响关系 双方从共同目标出发,力图获得真正的变化和结果。可见,如果不是为了变革和提高质量,力图促进追随者与领导之间的关系就毫无价值可言。一位优秀的领导必然是领导团队的高手——诊断任务、重新定义、建立信任、解决冲突、全部投入、明晰权责、给出结果。

真正的领导则关心愿景、战略和变革。校长必须阐明学校的价值观、信念和维护价值观的坚定立场,而且用讲故事的方法尽量使之具体化、故事化、形象化,并积极主动地参与学校的重新设计和改进,创造条件促进学生、教师、学校、教育的高质量发展。为此,学校在很大程度上需要的是高品位的领导和强大领导力,而不完全是管理,"管"而不"理"是当前学校管理实践中最大的问题。"理",就是疏导、引领,准确把握不确定性,利用团队中的群体动力学方法,发现群体潜在的问题,通过增强凝聚力和信任,形成高效共同体。学校组织是个动态发展的过程,发展就意味着不断地重新定义和修正,教育人的过程也是不断发现问题、分析问题、解决问题的过程,这与学校发展过程耦合。教育教学又是以"适合性""实践性"为其特点的,所以要不断创新和变革以适应和促进人的全面发展需要,这是当今世界成功组织的法宝。

美国学者福伦认为:"领导者的工作是将新的要素引入相应的环境中,这些要素必然会对行为产生更好的影响,从而帮助改变环境。"

校长的领导力需要随着时代、社会和教育的发展而不断更新和赋予崭新价值,唯其如此,才能推动学校的新发展,为新时代的教育注入新的活力。

六 学校文化篇

我看绩效评估

绩效评估是前导，是"向前"，向组织系统"输入端"靠拢，其目的是向组织成员输送组织的知识、价值观、行为规范和期待，目的在于引起积极的工作意愿，同时，希望通过学校领导、教师发挥自己的工作潜能而赋能。绩效评估也是促进学校、团队和个人发展的参照、策略、手段，是"向后"，向组织系统的"输出端"靠近，其目的是激励教师与特定的项目"连接"，形成共担风险、共同分享的机制文化。

由此可见，对于教育而言，如当今一些企业废除绩效评估是不可取的。其一，学校的教育教学是反思性的实践，需要时时、事事、处处反思和总结，并以此为"参照"改进工作，提高质量。其二，由于学校学科的独立性、众多共同体的存在、无边界的学习协同、分工组团等导致学校的结构是较为松散的耗散结构，没有一个核心的抓手，就如一盘散沙，组织效能可能受到严重影响。其三，学校办学的质量和社会效益是核心问题，学校组织必须做出严肃认真、富有成效的回答。它是其他工作的基础和前提，是衡量品质发展的重要手段和参照。但是，唯数字、唯绩效的绩效主义是要不得的！原因有五：

（1）教育教学工作本身难以全部彻底量化。既与教育本身的经验性、间接性、描述性、复杂性、工具缺陷等有关，又与其效果体现对象——人的复杂性、曲折性、动态性和难以描述性以及教育的混沌、模糊现象有关。所有教师的工作质量不能在学生身上"全然"准确体现，总是表现出超预期（或许是学生自己努力的结果）和低于预期的情况。绩效企图把人的工作能力全部量化，实事上是做不到的。

（2）几乎在所有的绩效方案中，绩效与考核数据、考核导向、报酬紧密正相关。所以，为了"容易"证明自己，寻求低端的"工作证据"是必然取向，这无形中严重削弱了工作激情和教育理想以及与组织愿景的关联水平。

（3）组织为了统计业绩和考核的公正性，把主要的精力放在如何考核上，将手段当成了目的，本末倒置，扭曲了评价的促进发展功能，使绩效评价成了以奖罚为主的新一代"胡萝卜加大棒"的管理手段，特别有时还会引发人与人之间"恶比"、部门之间互相拆台的现象出现，搞坏了风气，破坏了文化。冷冰冰的数据削弱了人与人之间的感情和信任，同时，评价者用评价的目光"审视"教师，权威主义或许造成新的等级，有时会给组织留下不可扭转的"问题遗产"，从而走向失败。

（4）若考核标准本身有问题或遗漏，在执行过程中有权力寻租和过多人为的灵活性，就避免不了"因人而异"的不公，导致对教职员工工作热情和工作质量的潜在伤害。

（5）实行绩效主义最为根本的问题在于价值导向与组织愿景、使命不耦合，特别的"意外结果"是与信息化、智能化时代的"自我衍生的工作驱动"背道而驰，强行将人类别化，评估数据强应用（只用于奖罚），会出现逆势反性的错误。

那么，如何做呢？一是要有绩效考核，但不唯绩效论。绩效评估本质上就是外部调节人的内外动机的手段，主要看评估是否促进发展。二是绩效评估结果不宜强应用，多以激励为主，慎用处罚；更不宜"一俊遮百丑"，固化、束缚人的思维活力。三是绩效评估结果的公布方式、公布范围十分重要。绩效评估目的在于优化关系、再塑价值，使人在反思中得到力量，促进工作质量和人的素养的提高。四是绩效评估应该抓大放小，不宜面面俱到，也不可能全覆盖；不宜事事量化，因为隐性工作无法全部量化。五是绩效评估作为"使能"的手段，有利有弊。不同的学校应有不同的侧重，比如新建学校、薄弱学校、潜力学校为了"整合"，取其"重"的一端，是正确的选择。六是新时代绩效评估，其关注点是"自比",动机是内驱力,目的是人尽其才,使人有且能够创造自由和幸福。所以,多帮助和鼓励员工、部门、团队、学校进行动态分析的"自评",侧重于"自改、能改、善改",而非单纯的"整改"。七是高层属于战略管理层次,宜采用第三方评估、项目评估与下属单位的"自评"相结合的办法进行决策和把握方向,促进整体质量提升、内涵发展。八是绩效方案的形成听政于民、问政于民、为政于民,所以,广泛讨论、达成共识固然非常重要,但是,让领导、教师把"重要参数"深谙于心、主动化为行动才是最为根本的。

7.

拆除有形无形的墙，促进学校转型发展

对于学生进步、学校发展而言，学习共同体显得越来越重要！团队合作、人际交往、服务意识、创造力、批判性思维是未来工作、生活和学习的主要技能。学习并不是直接诉诸课堂，而是正如哈佛大学教授理查德·埃尔莫尔所说"是在经验与知识面前有意识地逐渐改变理解、态度和信念的能力"。而且，参与团体的学习效果远远大于个体的独自学习结果。同时，教师的互动对学生的成绩影响深远。斯坦福大学的研究证明：通过教师和同事之间的经常活动的能力来衡量"社会资本"，比由职业发展课程和证书体现的"人力资本"更能呈现学生成就的价值。现象学家胡塞尔认为，"我"如何存在于"我们"之中是主体间的一个重大的伦理学问题。对于这一点，很多教师和领导缺乏足够的认识。

然而，从中小学的教育实践看，由于班级教学、分科教学、传统力量的影响，学校结构呈现出松散—联合型的特点，各自为政的现象比较突出，教育力量比较分散，甚至行动混乱等，这已经严重影响到学习效果的取得和学校的绩效提高。我们的周围有很多有形和无形的"墙"，造成了人的生活、学习、工作的隔离，交流的隔阂，交往再生产的低效或无效。撒尔森（1999）认为，学校培育的是个体文化而不是集体文化，教师们易于关注自身的事情，是因为没有给他们提供坐到一起讨论班级和教学的实际问题的场所，当然也没有这样的传统。林达·达尔灵·哈曼德（1995）也指出："教师们由于受到班级上课和挤得满满的教学进度的阻隔，很少有机会能够在一起探讨教学实践问题。"而且很多教师的痛苦就在于很少了解同事，没有真心朋友，也没有时间去讨论课程和教学方面的问题。由此可见，传统中小学无论在时空构建、课程设置、工作流程、校园文化还是组织结构中都缺乏共同体建设的共识，缺少激活转型的必要因素和驱动力量以及真正有意义合作的机制。学校转型发展面临严重挑战！

学者杜富尔和埃克认为，学校文化中的融合机制是必不可少的！因为它能使教师们通过听取他人的观点来检测自己比较学的观点，并提高自身专业化水平。学校通过提供鼓励和道义上的支持，帮助减轻对风险的控制。合作机制能够获得很多收益，找到更好的解决办法，增强学校共同体成员的信心，并且给新教师提供系统的帮助，汇集更多的观点、材料和方法。强化学校文化的变革，需要提高员工对改进学校绩效作出贡献的动力。事实上现在学校改革者都在为教师合作、融合、共享、协作等创造着更多的机会和可能性，比如，改造学校学习空间，把教室变成学习场所，加强教师合作。加拿大学者莫兰指出："没有协作技能和协作关系就不可能真正学习，不可能使持续学习成为社会发展的一部分。"有的学校通过系列课程改革，使教师进行协作教学，为学生的发展共同担责；有的学校集中精力发展学习共同体；有的学校通过创造平台和机会，与老师深度会谈，使老师之间、师生之间平等、互助，并使之成为学校文化、影子系统的组成部分。但是，惯性思维、维持现存体制的结构与文化及其平庸的做法依然强势和惰性十足，只靠边敲细打和保持性创新是不能从根本上解决问题的。美国学者斯科勒克蒂指出："系统性变革几乎总是涉及规范秩序的变革。系统性变革通常不仅需要规则、角色和关系的变革，也需要信念、价值观、承诺、意义、传说和传统的变革。"

在当前，要善于和勇于拆除有形和无形的"墙"，以变革组织结构、课程体系、领导方式、文化方式、时空方式等促进学校的全面转型，持续深化教育教学改革，切实为每一个学生发展负责。

我认为，目前基础教育正在进行学校的转型：一是由教材转向课程，二是由教转向学，三是由管理转向领导和治理，四是由事务转向战略，五是由个体转向共同体，六是由经验转向学术，七是由封闭时空走向开放时空，八是由单一学科转向跨学科。为此，必须以更加开放的姿态办开放性的学校。为此，学校必须坚持10点战略管理任务：

（1）聚合群体智慧，积极推动组织进化，完成学校战略转型，实现办学目标和教育理念的更新、升级。

（2）坚持层级化发展，形成"平台支持+团队作战"机制。

（3）依靠学生的发展质量、教师专业化发展和学校办学效益整体"拉动"发展。

（4）以办学指南、学习项目、课程改革、课堂革命、多元评估和任务"驱动"发展"以学为中心"的改革，促进多种功能的共同体发展。

（5）将学校内部模块"并联"，实行扁平化管理，促进不同功能的共同体和联盟协同发展。

（6）坚持人尽其才，人是第一资源，实现扁平化。让一线听得见炮火的人决策，让人人都是自己的管理者，让人才培养和在线利用成为核心战略。

（7）给予"不确定性"更多空间和可能性，最大可能地"催生、孵化"教育教学的全员参与、全员创新、创造。

（8）坚持物尽其用。竭力丰富和延伸教学时空，整合教学资源，发挥资源优势功能。

（9）坚持风险和成本管控，建立评估预警机制。

（10）坚持"愿景—价值—战略"发展模式，注重经营思维、文化管理、价值领导。